大国重器的诗意文化

黄西蒙——著

中国工人出版社

何种诗意，何以重器

从“天问”火星探测器到“嫦娥”探月工程，近年纷纷亮相的大国重器，展现了中国日益强大的科技实力，国人的自信也与日俱增。这些大国重器不仅是国力的体现，也寄托了国人的美好期待。很多大国重器的名字背后都包含丰富的历史文化，这些大国重器身上的诗意文化，也引起了人们的兴趣。

具体而言，其中的“诗意”有两层内涵。表面上看，这些大国重器名字里或含有诗文元素；往深处看，其蕴含的丰富文化内涵，使得中华文化的魅力与价值得到彰显。

比如，说起“鲲鹏”，它不只是大型运输机，还是哲学家庄子笔下的生灵，由此产生关于《逍遥游》和道家学说的思考，也是颇有兴味之事。谈起“鸿雁”，它不只是星座系统，还是古代诗词中的经典意象，鸿雁传书的故事、鸿雁文化等，也让人津津乐道。

在本书中，读者可以品味诸多大国重器背后的诗意文化。宇宙飞船“神舟”背后有飞天夙愿的艺术表达，航空发动机“昆仑”身后有名山的神秘历史与文化内涵，巨型射电望远镜“天眼”背后有探索世间无穷奥妙的精神，嫦娥四号中继星“鹊桥”身后则有浪漫故事与丰富意象……

解读大国重器的诗意文化，也是进入源远流长的中华文化的一扇大门，泛舟于文化之海，我们也会为中国辉煌灿烂的历史文化而惊叹、自豪。大国重器的文化色彩与中国历史文化的魅力，在这一刻实现了交融。

是为序。

目录

001
第一章 “天问”火星探测器：追问世间奥妙的千年之叹

021
第二章 “鲲鹏”大型运输机：从逍遥游开始的遐思

039
第三章 “墨子”量子科学实验卫星：探寻真理的沉思时刻

057
第四章 “天宫”人造空间站：仰望星空时的丰富想象

075
第五章 “神舟”宇宙飞船：飞天夙愿的艺术表达

095
第六章 “张衡”电磁监测试验卫星：探究科学真理的坚定步伐

105
第七章 “风云”气象卫星：历史长河的风起云涌

123
第八章 “昆仑”航空发动机：名山的神秘历史与文化内涵

132
第九章 “徐霞客”保障舰：走遍山水背后的文化情怀

143
第十章 “黄山”护卫舰：徽州风光与文化魅力

156
第十一章 “羲和”太阳探测卫星：从太阳形象到姓名文化

174
第十二章 “夸父”太阳监测卫星计划：不会消弭的坚韧顽强精神

189
第十三章 “鹊桥”嫦娥四号中继星：浪漫故事与丰富意象

205
第十四章 “蛟龙”深海载人潜水器：龙文化的兴起与迷思

213
第十五章 “夔龙”厘米级定位系统：上古传说的千年回响

219
第十六章 “彩云”硬岩掘进机：彩云之南开辟通途

230
第十七章 “天眼”巨型射电望远镜：探索世间无穷奥妙

251
第十八章 “鸿雁”星座系统：徜徉在空中的悠扬旋律

273
第十九章 “祝融”火星车：火神形象的开掘与变化

281
第二十章 “悟空”暗物质粒子探测卫星：火眼金睛的形象流变

288
第二十一章 “玉兔”月球车：广寒宫中的生命能量

297
第二十二章 “嫦娥”探月工程：月亮故事的时光回响

306
后 记

308
主要参考书目

第一章

“天问”火星探测器：追问世间奥妙的千年之叹

2020 年 4 月 24 日，国家航天局发布消息：中国行星探测工程被命名为“天问（Tianwen）系列”，首次火星探测任务被命名为“天问一号”。同年 7 月 23 日 12 时 41 分，我国新一代大推力运载火箭长征五号托举着“天问一号”探测器向天空发射，奔向火星。[1]

2021 年 5 月 15 日 7 时 18 分，“天问一号”顺利降落在火星乌托邦平原。这是中国人探索宇宙的关键一步，官方对这次探测活动给予了很高的评价：“‘天问一号’任务突破了第二宇宙速度发射、行星际飞行及测控通信、地外行星软着陆等关键技术，实现了我国首次地外行星着陆，是中国航天事业发展中又一具有重大意义的里程碑。”要完成这一目标难度很大，要面对很

1　解放军新闻传播中心：《中国“天问”，从文昌迈向更远深空》，2020-07-23，https://baijiahao.baidu.com/s?id=1673009599159329809&wfr=spider&for=pc.

“天问一号”发射现场

多严酷的自然条件的考验：“火星探测风险高、难度大，探测任务面临行星际空间环境、火星稀薄大气、火面地形地貌等挑战，同时受远距离、长时延的影响，着陆阶段存在环境不确定、着陆程序复杂、地面无法干预等难点。”[1]

1　央视网：《天问一号成功着陆火星！》，2021-05-15，http://news.cctv.com/2021/05/15/ARTIipBzUlA8ljsYJvpVPAdC210515.shtml.

2021 年 11 月 8 日，“天问一号”传来好消息。国家航天局探月与航天工程中心发布消息：“‘天问一号’环绕器成功实施第五次近火制动，准确进入遥感使命轨道，开展火星全球遥感探测。”《人民日报》记录下了这一重要的历史时刻：“截至目前，环绕器在轨运行 473 天，地火距离 3.84 亿千米，光行时 21 分 20 秒；火星车在火星表面工作 174 个火星日，累计行驶 1253 米，两器状态良好，各系统工况正常。”[1]

很多人都对“天问”这个名字很感兴趣，它到底是什么意思呢？据介绍：“该名称源于屈原长诗《天问》，表达了中华民族对真理追求的坚韧与执着，体现了对自然和宇宙空间探索的文化传承，寓意探求科学真理征途漫漫，追求科技创新永无止境。”[2] 由此可见，“天问”的命名连通古今，而对未知的探索精神，一直伴随着中国文化的发展。

“天问”这一名字背后的历史文化很有趣，它从诞生之初，便展现了世人对探索未知的兴趣，这既是我们追寻宇宙奥妙的千年之叹，也是探索无穷远方的不懈努力。

| 以长诗追问时光奥妙 |

《天问》最初是战国时期楚国诗人屈原创作的一首长诗。全

1 《人民日报》客户端：《天问一号环绕器进入遥感使命轨道》，2021-11-08，https://wap.peopleapp.com/article/6355140/6244044.

2 新华网：《中国首次火星探测任务命名为“天问一号”》，2020-04-24，http://www.xinhuanet.com/politics/2020-04/24/c_1125900210.htm.

诗每四字为一句，几乎每句都在对历史与自然的奥妙发出疑问或叹息，故而称之为“天问”。但是，《天问》书写的对象距今实在太过遥远，即使有后世学者的解读，我们对很多问题依然相当迷惑。

学者林庚认为《天问》呈现了上古历史，不只是夏、商、周的掌故，更是由此出发，对中华上古文明与传说的书写。《天问》的确提供了很多生动的史料，但它不只是书写历史，还有对历史兴亡的慨叹，对宇宙规律的思考。

后世很多读者都对《天问》的创作背景颇为不解，不清楚屈原是在何种情境下写下了这篇千古奇文。在这里，我们采用一个比较常见的说法，就是东汉学者王逸在《楚辞章句·天问》中的解释：“何不言问天？天尊不可问，故曰天问也。屈原放逐，忧心愁悴……见楚有先王之庙及公卿祠堂，图画天地山川神灵，琦玮僪佹，及古贤圣怪物行事。周流罢倦，休息其下，仰见图画，因书其壁，呵而问之，以渫愤懑，舒泻愁思。”

简单来说，就是屈原创作《天问》与后来的司马迁写《史记》有相似的心理，都属于“发愤之作”，通过创作来书写内心的苦闷，表达心灵的愁怨。而且屈原属于“触景生情”，他在楚国先王之庙与公卿祠堂理看到了关于山川奇物的壁画，又想起自己的坎坷命运，便引发了对一些终极问题的思考。这些问题不仅包括对上古历史的追问（即便对屈原来说，尧、舜、禹的事迹也是几千年前的上古历史了），还有对宇宙自然奥妙的玄思。虽然学术界对王逸的这个看法存在一些争议，但它仍是目前最经典的

明末画家陈洪绶《屈子行吟图》，描绘了屈原形象

一种解释。

从具体内容来看,《天问》开头就写“遂古之初,谁传道之?上下未形,何由考之?”这是一个带有终极思考意味的提问。虽然我们今天都知道盘古开天辟地的神话,但它最早却是在三国时期形成的,屈原生活的年代,并没有盘古的神话形象,因此他对世界诞生的想象,显然与后世很不一样。不过,在《天问》中,屈原也认为天地初开时混沌一片,只是没有说由某个具体的神祇来创世。

接下来,就是夏、商、周的历史,屈原也提出了不少质疑,有些带有“再解读”历史的意味。比如,对于大禹治水之前鲧的形象,屈原表示“鲧何所营?禹何所成?”他基于对鲧与大禹在治理洪水上成败形象的对比,做出了必要的质疑与思考。在过去,人们总容易把成功者的成功视为理所当然的事情,却对失败者的失败不屑一顾,但屈原的想法不这么简单,他要追问其背后的原因,这才是一个求索者该有的精神。

后面的历史虽然被历代文人学者反复讲述,但屈原毕竟更接近那个上古时期,他在《天问》中呈现的内容,具有相当可贵的史料价值。讲到夏朝历史时,《天问》提到了少康复国、夏桀亡国的故事。甚至在讲到夏朝末代君主桀是如何荒唐时,还不忘追问一句“妹嬉何肆”,看来,早在屈原那个年代,妹嬉(另有一说名为妹喜)就被视为祸国的女色,跟商纣王的妲己一样,背上了千古骂名。至于历史的真相到底如何,恐怕后世已经难以确知,但即使在古代,也有屈原这样多问几个“为什么”的人,或许妹嬉、妲己并没有后世描绘的那样糟糕，甚至这些人是否真的存在过，都是一个未解之谜。

再往后，就是距离屈原相对近一些的历史了。比如西周时期的昭王南征、穆王西行，还有东周时期吴楚之战。其中有些历史，在后世来看颇为神秘，不仅因为时隔久远，更是因为史料中关于相关事件的记载也语焉不详，这给后人留下了足够的悬念，也吸引着屈原这样文人贤臣的思索与追问。

| 对殷周之际的“天问” |

《天问》对历史的记录与思考，存在内容及篇幅上的较大差异。多数历史被一笔带过，能记下两三句的，都是比较重大的历史事件。而殷周之际的历史，被《天问》记述颇多，这段后世熟悉而又陌生的武王伐纣前后的故事，在此更增添了一层奇诡的色彩。

殷周之际的历史，是中华文明发展历程中一次很关键的转折。这不仅是政权上的更迭，也是某种文明形态上的变化，鬼神信仰气氛浓厚的殷商文明转向更注重人伦社会秩序感的周文明，其中最重要的事件就是武王伐纣与周公改革。前者从权力层面实现了统治者的更变，后者在思想观念上重塑了国人的精神世界。屈原面对这段关键的历史，又会有何种态度呢？

《天问》有言：“彼王纣之躬，孰使乱惑？何恶辅弼，谗谄是服？比干何逆，而抑沈之？雷开阿顺，而赐封之？”屈原在此追问：是谁让商纣王昏庸残暴？为何要陷害忠良却亲近小人？比干忠心耿耿，为何遭受打击？雷开这类阿谀奉承之人，凭什么还会得到封赏？

除了商纣王，这里出现了两个人名：比干与雷开，二者在历史上的形象可谓忠奸分明，尽管历史上对雷开的记载极其罕见。

河南淇县朝歌景区比干摘心处（黄西蒙 摄）

在后世《封神演义》及其相关作品中，比干向纣王谏言却惨遭剖心，成为后人敬仰的贤臣之一。即使在小说里，雷开也是个不起眼的角色，相比读者熟知的费仲、尤浑，其知名度极低，但在《天问》中却被当成纣王身边佞臣的代表形象，我们尚不清楚其中的缘由。

而《天问》中的确存在这种后世看来知名度或者历史象征意义不够强烈的人物形象。其中可能有两种原因。首先，这是屈原个人的选择，毕竟诗歌创作不等于记录历史，不一定非得把所谓的“知名人物”当成典型形象，屈原当然可以依据个人喜好来选择；其次，后世对历史人物形象的认知，可能与屈原那个时代的认知是不一样的，有些史料可能在几千年的时间长河里逐渐消失，屈原也很有可能掌握后世不清楚乃至闻所未闻的史料，这也是《天问》的历史价值之一。

关于商纣王的残暴，屈原在《天问》中提道：“梅伯受醢，箕子详狂？”忠心耿耿的梅伯却被剁成肉酱，纣王的叔父箕子只能装疯卖傻，消极避世。后面还有“殷有惑妇，何所讥”这样的记载，看来在屈原那个时代，纣王昏庸而宠幸妲己的故事可能应该广为流传了。

“受赐兹醢，西伯上告。何亲就上帝罚，殷之命以不救？师望在肆，昌何识？鼓刀扬声，后何喜？武发杀殷，何所悒？载尸集战，何所急？”这一连串的发问背后的历史，与后世熟知的武王伐纣的经历差不多，不仅提到了周文王姬昌之子伯邑考被做成肉酱的事，还讲到周文王在酒肆之间发现贤才姜尚的事，并有细节场景——武王在伐纣之战中抬着文王灵位时，心态焦急。只是这些还原历史场景的叙述，都是只言片语，其中的逻辑是隐藏在历史的时间线索下的。

《天问》还提到了周公的事迹："列击纣躬，叔旦不嘉。何亲揆发足，周之命以咨嗟？"这是一段很耐人寻味的话。在屈原看来，战争胜利后，周武王想将纣王的尸首裂解，这或出于泄愤心理，或与某种仪式有关，但周公姬旦却坚决反对。奇怪的是，周公会为了武王夺得天下而出谋划策，为何却在成功之后还要叹息呢？

如果回望历史，我们就会知道周公当时为什么慨叹甚至忧愁。虽然周武王灭了商纣王，但时局并不安定，殷商的残存势力依然十分强大，更重要的是，周灭商的道义合法性被质疑，如果新的统治者拿不出"天下归心"式的政绩，就很难被百姓认可。

事实上，在周朝建立初期，还出现了"三监叛乱"。《史记·周本纪》有记载："成王少，周初定天下，周公恐诸侯畔周，公乃摄行政当国。管叔、蔡叔群弟疑周公，与武庚作乱，畔周。"对于纣王之子武庚拉拢管叔、蔡叔作乱一事，周公只能竭力镇压，虽然花了一番功夫最终恢复了和平，但也能看出，周朝初期的政治并不安定，可谓暗流涌动。随后，周公施展政治手段，制礼作乐，建构了一套完善的等级秩序，尤其对嫡长子继承制的明确，为权力传承的稳定性提供了很大的帮助。他还提倡敬天保民的思想，让统治者明白德行与天命的关系，从而震慑那些有昏庸倾向的君主。

回到《天问》中，我们这样就明白屈原为什么要提到周公的“特别作用”了。有古文献研究者表示：“正是由于周公对‘列击纣躬’并不满意，所以他在进行‘制礼作乐’时去除了这种以人为牲的礼俗。”[1]这个判断是很有趣的，也是很值得分析的。

为后世儒家思想提供精神养料的周公，在《天问》中的形象也崇尚教化与秩序，商代崇尚人祭殉葬的风气，在周公之后逐渐被扭转。《天问》中这段关于周公反对武王“肉体复仇”的做法，竟与儒家典籍中的论调相似，要知道在屈原的时代，儒家思想并没有像后世那样占据思想主流的话语权，但屈原对周公依然有很高的评价。

从某种意义上讲，周公对人伦秩序的强调，对话人祭祀风气的反对，让中华文明进入了新的文明阶段。屈原虽然身在巫文化很重的楚地，但从《天问》中看，他对殷商时期流行的诸多不人道的风俗与观念也持反对态度。从他对周公的尊敬态度来看，屈原与周的“正统”文化，在思想上还是有较为紧密的关联的。

探索未知与宏大叙事

“吾文终其身企慕而不能及万一者，惟屈子一人耳。”苏东坡这样评价屈原，并对其推崇备至，可见屈原的才华与品质在历史的长河中也是十分耀眼的。屈原的探索精神与高洁之志，在《天问》中得到了大量体现，这也是屈原留给后世的重要品质。

1　代生、江林昌：《出土文献与〈天问〉所见商末周初史事》，《四川师范大学学报（社会科学版）》2012 年第 1 期。

屈原在《天问》中流露出很强的探索未知的精神。虽然人人都有好奇心，但真正愿意去思考严肃命题的人并不多，屈原就是这样能深入思考的人。尽管他的切入点不是研究思维，却具备了一个研究者应有的质疑与反思精神。

《天问》几乎所有的句子都是设问或反问。这种姿态，实际上就是在追问世间的真相，而不是一味吸纳外界的观念来形成自己的立场。独立思考、专注探索，是一个人走向精神人格的完善的必由之路，屈原在这一点上给后世做出了很好的表率。

我们可以看到，《天问》中的探索精神，不仅有追问宇宙与历史奥妙的强烈念头，也有很强的想象力，或者称之为宏大的思维方式。置身于某个时代的文人，若能将自己放在历史的坐标中，不只是从眼前与身边的“可见之物”理解世界，而是能让自己进一步融入古今乃至未来的时间线索，这绝不是一件寻常的事。

类似的思维在后世的司马迁身上也存在，是他在《史记》中叙述了一个自黄帝为起点的中华历史的宏大结构，从夏、商、周到秦、汉，这是一个被纳入共同体的完整脉络。虽然一个民族对历史具有共同记忆，但如果没有屈原、司马迁这样的文人史家，我们对历史的理解很容易变得支离破碎，基于它们而形成的文明共同体认同感也会减弱很多。

屈原身处楚文化的腹地，虽然远离当时的中原地带，但他并没有文化上的边缘观念，反而对中华历史的主流叙事线索有相当清晰的认知。后世往往赞誉屈原很有家国情怀，这并非只因为他

司马迁画像

对楚国的忠诚与热爱，更在于他在当时具有难得地对中华历史整体叙事的观念，这让屈原没有成为某种区域文化的捍卫者，而是具备更强的“历史宏大叙事”的主动性。

这种历史的整体叙事意识，让屈原的历史观不局限在楚地，而是从更开阔的历史空间来看待往事。比如昭王南征的故事，即便在古代来看也颇为诡异。《史记·周本纪》对这段历史的记载并不详细，只说：“康王卒，子昭王瑕立。昭王之时，王道微缺。昭王南巡狩不返，卒於江上。其卒不赴告，讳之也。”《吕氏春秋》的记载更详细一点，甚至还指名道姓：“周昭王亲将征荆，辛馀靡长且多力，为王右。”这里的辛馀靡，也有记载为辛游靡，是个力气很大的人，也是纣王南征落水事件的目击者。

根据相关史料，当时的情况大致是这样的：周昭王南征荆楚一带，乘船在江面上的时候，因胶船破裂而落水，辛馀靡虽然会游泳，但等他在水中把人捞起来的时候，昭王已经没有呼吸了。甚至一直以来还有民间传说，认为是荆楚一带的民众为了抵抗周人的南征，故意献上用胶黏合的船，等昭王一行乘船来到汉江的时候，胶遇水溶解，便发生了上面“昭王南征不归”的事情。

但是，我们毕竟没有更坚实的史料支撑，断言是楚人导致昭王之死恐怕并不合理。而在《天问》中，屈原也直接发问“昭后成游，南土爰底。厥利惟何，逢彼白雉？”这里的“白雉”通常被认为是白色的野鸡，屈原这里有反问的意味：昭王南征能有什么好处，难道是为了遇到白色的野鸡？

显然，屈原也不认为楚人要为昭王之死承担责任，这种对历史的质疑与对真相的追问思维，在《天问》中并不少见。楚人曾经长期被中原“正统”视为异类，后来楚国的君主也常有僭越举动，但在周代早期，还不会直接挑战周王的权威。屈原对昭王南征虽有批评的态度，但其历史观却与“正统”叙事契合，承认昭王统治的合法性，尽管在当时，楚地并没有被完全纳入周王的实际掌控范围。按照周而非楚地的历史叙事来看待昭王故事的观念，与后世《史记》之类的历史文献别无二致，这正是屈原更加宏大的历史观的体现。

与之相关的就是更加开阔的史地视野，即使是那些远离传统中原地带的历史和地理风俗，也在屈原关切的范围内。比如穆王西行的故事，它在古代就被赋予了一定的神话传说色彩，屈原在《天问》中也提道：“穆王巧梅，夫何为周流？环理天下，夫何索求？”屈原很有浪漫精神与想象力，却也要质疑穆王去探索遥远地方的目的：周穆王为什么要环游四方？他有什么想完成的心愿？

周代有古籍《穆天子传》，比较详细地记载了周穆王的行踪与见闻，但其有些内容介于历史与神话之间，很多人名、地名难以考证，这也增加了穆王故事的神秘感。起码屈原在他那个年代，就已经意识到此事不同寻常之处，并把昭王南征与穆王西行一起放在《天问》里，这的确很耐人寻味。

| 屈原沉江与高洁之志 |

屈原在很多作品中都曾表露心迹，其内心之高洁，精神之纯粹，甚至到了“水至清则无鱼”的状态。比如，在经典之作《离骚》结尾处，屈原无奈地慨叹：“国无人莫我知兮，又何怀乎故都。”因为自身的高洁品质而不被小人容忍，遭到忌恨的他，只能尽量远离是非之地。然而，屈原又是对君王与故土深怀感情的，怎么可能轻言离开呢？

屈原沉江，是中国历史上十分震撼人心的一幕，却也存在一定程度的争议。总有人质疑屈原不够坚强，没必要因混浊的世事而绝望，也不必为一个破败的国家殉葬。但如果我们真正理解屈原，就会更加理解他的抉择。面对他人的诋毁与外界的排挤，到

明代《三才图会》中的屈原像

底是选择以死明志，还是忍辱负重，默默地活下去？这是一个十分残酷的问题，几乎每个在大是大非面前需要抉择的文人志士，都要给出明确答案。当然，屈原的态度是坚定的，甚至是决绝的，他没有徘徊犹疑，而是纵身沉入冰冷的汨罗江水。

很多人忽略了一个历史的关键细节，屈原沉江并非只因为他遭到了小人的诋毁和君王的抛弃，更在于他已经看到楚亡的前兆：楚顷襄王听信谗言，放逐良臣，而奸佞之辈却能攀上高位。正在崛起的秦国虎视眈眈地环顾四周，楚国已经无力抵挡。从政治上看，屈原不是那种能兼顾纯粹与世故的人，他虽然有崇高的追求，却无法对抗现实的残酷与无奈。

但是，他那种为了不被玷污而选择绝路的姿态，其实是给后世文人墨客留下了一种近乎极端的“参考”：宁为玉碎，不为瓦全。或许有人愿意忍辱负重，这可能是多数人的选择，但总有人要以死明志。这就是屈原的态度，没有苟且，没有妥协。

幸好屈原留下了诸多文字，让我们能还原一些历史现场，才知道屈原的心中挤压了多少苦闷。在《渔父》的故事里，屈原独自行走在沅江之畔。看到他落寞憔悴的身影，渔夫直言：“您不是三闾大夫吗？怎么落魄成这个模样？”此时的屈原已被放逐，只能在天地之间游荡徘徊，他的声音不再被“庙堂之高”的人听见。

“举世皆浊我独清，众人皆醉我独醒，是以见放。”这是屈原的心声，也是无奈之下的慨叹。《大戴礼记》有云：“水至清则无鱼，人至察则无徒。”屈原正是因其品行过于高洁，而成为那条最干净的河流，但是不会再有鱼儿在水中游曳；正是因为屈原人格过于独立，不愿意沾染任何污浊之物，才不被世俗所容，最终被迫流离失所，走向生命的毁灭。

在《天问》中，面对楚国的历史，屈原写道：“吾告堵敖以不长。何试上自予，忠名弥彰？”在《天问》的结尾，屈原如此慨叹，就是表达对楚国未来的担忧。他曾经告诫楚王堵敖，楚国恐怕将会走向衰亡，但现实中屈原却被流放。书至此处，他似乎是在表达内心的忠诚：即使国家灭亡，自己的忠言逆耳也必将留在史书上，给后世更多启迪。

清康熙刻本《隋唐演义》插图“剪彩为花龙舟游乐”

屈原在《天问》中表达的情怀，其实正是内心忠贞与执着精神的体现。这是一种忧国忧民的态度，尤其是与当时楚国一些奸佞之徒的嘴脸形成了鲜明对比。因此，“天问”这个传统文化元素，并非只是科学探索精神的体现，还是家国情怀的呈现。屈原的努力虽然没能改变楚国的颓势，但他留给后世的精神财富，却早已融入中华民族的血脉。

后世在过端午节时多会提到屈原，很多人认为是因为纪念屈原才有了端午节，这实际上是一个历史的误会。端午节的相关风俗起源很早，赛龙舟之类的风俗与上古百越地区的龙崇拜有关，而“端午”一名最早出现，学界一般认为来自晋代周处《风土记》的记载。纪念屈原是后来被追加的端午节的风俗，但却成为后世的普遍认知。

| “问天”者不仅有屈原 |

纵观中华文明史，其实对“天”产生兴趣的人绝非屈原一人，在上古时期，人们对“天”的认识与解释，其实也反映了远古先民的世界观。

“天”首先是一种自然性的东西。在屈原之前，已经有无数先人抬头望天，他们看到的自然景观，与后世几乎没有区别。毕竟，相比人类文明踪迹的变化，天地的自然变化是极其缓慢的，几千几万年的变化几乎可以忽略不计。从人类内心的朴素认知来看，“天”最早也是一个纯粹的自然事物，不论是日月星辰还是风雨雷电，都是完全超脱于人类行为之上的存在。

但是，随着时间的推移，将自然事物进行伦理化，就成为一个大的趋势。赵浩博士在《“天”的伦理气质精神》中，将这个过程视为一种“伦理气质”，认为“‘天’的气质作为‘天’义的精神现象，它是‘天’的形象与本质的合一……‘天’在逻辑与历史的过程中最终走向伦理精神”。[1]这是一个思维方式转变的过程，而一直相伴的就是文明的演进。

屈原在《天问》中将“天”视为各种玄奥问题的载体，通过“问天”来探索自然与历史中的诸多谜团。这就是一个自然事物伦理化的过程，每个“问天”者也在其中展现出独特的文化气质。屈原的气质是玄思式的，是孤独而深邃的，而有些“问天”者的气质则是叛逆的。

“天”在古人眼中，并非只是自然事物，更是一种被伦理化和精神气质化的存在。屈原的“问天”姿态，虽然有质疑的一面，却更像是通过“问天”来获得某些问题的答案，将一切问题归于“天”上面铺开的知识框架，其实也是对“天”存在敬畏感的表现。探索宇宙万物与人伦历史奥妙的同时，不破坏人与“天”的同构关系，这种观念其实一直存在——不仅体现在屈原“问天”上，也体现在后世科学探索对自然万物的尊重上。

1　赵浩：《“天”的伦理气质精神》，东南大学博士论文，2018 年。

第二章

“鲲鹏”大型运输机：从逍遥游开始的遐思

能够拥有国产大飞机，是数代中国科研工作者的梦想。早在2006年，“发展大飞机”就进入了国家中长期科技发展规划纲要，这便是“鲲鹏”的诞生起源。

在官方的资料中，我们可以看到这个清晰的时间脉络：“从2007年正式立项，2013年1月成功首飞，2014年11月在珠海航展上公开亮相，2015年转战南北试飞定型，到2016年正式列装，大型运输机‘鲲鹏’走出了一条我国自主创新研发大飞机的成功之路。”[1] 这架运-20大型运输机，在2016年7月6日成功飞翔后，标志着一个新大国重器的诞生：中国拥有了独立自主生产的大型运输机，它将对国家的科技发展、经济建设与国防安全发挥重要作用。

1 新华网：《鲲鹏直上九万里——我国自主研制首款大型运输机列装纪实》，2016-07-06，http://fms.news.cn/swf/2016_qmtt/7_6_2016_ysj/index.html.

运 -20 总设计师唐长红院士曾说："设计之初，我就希望运 -20 是这个时代最能体现国家实力的大飞机，不能让它重复别人的样子，就得为它打上中国创造的烙印。"这是中国科技实力的体现，也将进一步激发国人的信心。唐长红也认为："运 -20 经受住了多种任务的考验，总能敏捷响应、快速部署、全疆域到达，达到了设计预想……换了'中国心'，运 -20 能力会更强大，我们会持续进行改进，向着多型平台、系列化衍生发展。"[1]

将运 -20 命名为"鲲鹏"，寄托了十分美好的寓意。鲲鹏是中国传统文化中很有魅力的元素，围绕在鲲鹏身边的动人故事、哲学思考，也已经融入文明的血脉，它们不仅体现在历史典故上，也栖居在我们心灵的深处，其中奥妙，引人遐思。

| 逍遥与自由之路 |

庄子在《逍遥游》中有这段经典的文字：

"北冥有鱼，其名为鲲。鲲之大，不知其几千里也。化而为鸟，其名为鹏。鹏之背，不知其几千里也，怒而飞，其翼若垂天之云。是鸟也，海运则将徙于南冥。"

1 中国航空新闻网：《运 -20 入役 5 年航迹扫描：展"鲲鹏"之翼 圆大国空军之梦》，2021-10-03，http://www.cannews.com.cn/2021/10/03/99333551.html.

这段文字不仅是进入庄子哲学的“第一站”，也是几千年来无数人向往的美好意境。在水中为鲲，进入空中则为鹏，鲲鹏展翅，后世的李白也惊叹“大鹏一日同风起，扶摇直上九万里”。鲲鹏的生命是自然而灵动的，它被太多人寄托了少年意气，又被无数人看成精神自由的载体。

庄子在《逍遥游》中谈及的鲲鹏，背后有“大小之辩”的问题。事物的大小都是相对而言的，这是一种“相对主义”。而逍遥的状态，就在于突破了这种形式上的局限，这是一种“超越了度量关系的绝对自由的‘逍遥’”。[1]人的生命是有限的，时间也并非无穷无尽，但人追求自我超越的冲动却是始终存在的。而鲲鹏这个美好的意象，让我们看到了超越时间、自我之后的逍遥状态，令人无比神往。

要想达到这一境界并非易事。庄子在《齐物论》中说：“天地与我并生，而万物与我为一。”这种“逍遥于天地之间”[2]的状态是个体与自然的统一，既有个体主体性，又有自由精神，这并不是消弭个性，而是各种自由状态的并存。

古往今来，太多人向往逍遥的状态，但大多数人只能憧憬其美好，却在现实中与世沉浮，很难获得超脱的人生状态。庄子反对外物对人的约束，或许抛弃各种条条框框的限制，才能获得更

1 张京华：《庄子哲学：逻辑、概念及其思想体系比较研究》，商务印书馆，2021年，第11页。

2 杨国荣：《庄子的思想世界：一种哲学的解释》，北京师范大学出版社，2017年，第243页。

多的自由与幸福。

庄子在《大宗师》中说："泉涸，鱼相与处于陆，相呴以湿，相濡以沫，不如相忘于江湖。"哲学家牟宗三曾说："道家的智慧是'忘'的智慧……相忘是一种很高的智慧。"[1]拥有"忘"的智慧，可以让我们放下很多执念与烦恼，也能达到更高的精神境界。要想真正做到"相忘"，还需放下心中过强的执念，尤其是对物欲的执念，要不然就会陷入欲望的深渊，难以挣脱现实的桎梏。

明代《三才图会》中的庄子画像

1　牟宗三：《中国哲学十九讲》，吉林出版集团有限责任公司，2010年，第126页。

庄子笔下的鲲鹏，似乎处于一个没有烦恼与执念的自由状态，它超脱于现实之上，融入大自然的变化，身体形态也能轻松转换。

鲲鹏与逍遥的状态，是古人想象力的呈现，也是对现实之上超越精神的体现。其中的“游”，就是一个自由而畅快的状态。外国有研究者将庄子视为一种呈现精神自由的哲学，认为逍遥游关乎“我们来自何方”这一终极问题：“‘游’的运动状态漫无目的，它没有发端，没有终点，却体现着一种敏锐的适应能力。”[1]这种漫游的精神状态，其实古往今来一直存在，越是精神自由的生命，越能感受到它的魅力。

古人的生产力有限，迁徙能力受制于身体与自然条件的约束，便想象出各种突破极限能力的生灵。水中之鱼、空中之鸟，都激发着古人的想象力。长此以往，便产生了各种神话传说。鲲鹏也是如此，它展翅高飞，就是古人飞行之梦的寄托。因此，鲲鹏之“游”的状态，也与人们对远方的探索精神相契合，它是神秘的，也是令人神往的。如今，我们利用航天技术实现了对更遥远星空的探索，可以在渺远的宇宙中探寻更多的奥妙，庄子笔下的自由状态，在现实中不断实现。

| 大鹏金翅鸟形象的中国化 |

在《庄子》流传于世之后，鲲鹏的形象逐步经典化。在后世

1 [德]汉斯－格奥尔格·梅勒、[美]德安博：《游心之路：〈庄子〉与现代西方哲学》，北京联合出版公司，2019年，第258页。

一些带有大鹏形象的传说与文学作品中，都能看到其形象。除了前文所述的自由迁徙状态，大鹏还被赋予了巨大的力量，基本上以大鹏形态存在的生命体，都具备超强的战斗力。

《西游记》里的大鹏金翅雕被普遍认为是战斗力最强的妖怪，是狮驼岭三魔头中最强悍、最狡猾者。书中说他"抟风运海，振北图南"，这很像对《逍遥游》中描述鲲鹏的文字的化用。实际上，《西游记》中的大鹏形象，是杂糅了中外不同的文化形象而生成的，不仅与庄子笔下的鲲鹏有名字上的关联，其外形更与古印度神话中的神鸟迦楼罗相似。

迦楼罗的形象在南亚与东南亚十分流行，它往往呈现为半人半鸟或全鸟的身形，是力量与智慧的化身。伴随佛教进入中国后，迦楼罗的形象也在不断变化，从最初的宗教形象逐步被赋予传说色彩，并成为民间故事里的形象。《西游记》在塑造大鹏金翅雕形象的时候，就综合了宗教与民间传说的形象，进而讲述了一段十分精彩的故事。

《西游记》能让读者感到大鹏金翅雕的超强力量，首先在于吴承恩做足了铺垫的功夫。让唐僧一行人还未见到妖怪，就听到一位须发尽白的老人讲述狮驼岭魔头的厉害："西进的长老，且暂住骅骝，紧兜玉勒。这山上有一伙妖魔，吃尽了阎浮世上人，不可前进。"至于对妖怪身份的描述，更是前所未有的骇人："那妖精一封书到灵山，五百阿罗都来迎接；一纸简上天宫，十一大曜个个相钦。四海龙曾与他为友，八洞仙常与他作会，十地阎君以兄弟相称，社令城隍以宾朋相爱。"

迦楼罗的形象，出现在云南省博物馆收藏的大理国文物里

至于狮驼岭的骇人景象，在《西游记》第七十五回开篇，就通过孙悟空的视角，呈现了这般景象：

“骷髅若岭，骸骨如林。人头发㓥成毡片，人皮肉烂作泥尘。人筋缠在树上，干焦晃亮如银。真个是尸山血海，果然腥臭难闻。东边小妖，将活人拿了剐肉；西下泼魔，把人肉鲜煮鲜烹。

若非美猴王如此英雄胆，第二个凡夫也进不得他门。”

接下来便是对大鹏金翅雕形象的正面描述：

“金翅鲲头，星睛豹眼。振北图南，刚强勇敢。变生翱翔，鷃笑龙惨。抟风翮百鸟藏头，舒利爪诸禽丧胆。这个是云程九万的大鹏雕。”

寥寥几笔，就把一个身姿壮硕、体形巨大、强悍无比的妖怪形象刻画出来了。

中国古代小说中的肖像与风景描写，时常以诗歌形式来呈现。这不仅是为了增加文体的复杂性，也是为了叙述方便。用尽量简洁的文字表达出有意境的内容，能体现作者的写作功力。而人物对话，则能体现出作者对人情世故的把握程度，即使在神魔小说中，这些对话也并非脱离现实的，它们能折射出作者的行为习惯与审美趣味。

吴承恩在讲述大鹏故事的时候，就十分注重人物对话与环境描写的结合。当文殊、普贤二位菩萨来收回狮象时，大鹏却不服输，还振振有词：“大哥休得悚惧，我们一齐上前，使枪刀搠倒如来，夺他那雷音宝刹！”

当然，凭借狮驼岭其他妖怪的水平，最终只能束手就缚。书中说：

“这魔头不识起倒，真个举刀上前乱砍，却被文殊、普贤，念动真言喝道：‘这孽畜还不皈正，更待怎生！’唬得老怪、二怪，不敢撑持，丢了兵器，打个滚，现了本相。二菩萨将莲花台抛在那怪的脊背上，飞身跨坐，二怪遂泯耳皈依。”

而大鹏的功夫则要强一点，依旧不服。书中这段描述相当精彩：

“二菩萨既收了青狮、白象，只有那第三个妖魔不伏，腾开翅，丢了方天戟，扶摇直上，轮利爪要刁捉猴王。原来大圣藏在光中，他怎敢近？如来情知此意，即闪金光，把那鹊巢贯顶之头，迎风一幌，变做鲜红的一块血肉。妖精轮利爪刁他一下，被佛爷把手往上一指，那妖翅膊上就了筋。飞不去，只在佛顶上，不能远遁，现了本相，乃是一个大鹏金翅雕……那大鹏欲脱难脱，要走怎走？是以没奈何，只得皈依。行者方才转出，向如来叩头道：‘佛爷，你今收了妖精，除了大害，只是没了我师父也。’大鹏咬着牙恨道：‘泼猴头！寻这等狠人困我！你那老和尚几曾吃他？如今在那锦香亭铁柜里不是？’行者闻言，忙叩头谢了佛祖。佛祖不敢松放了大鹏，也只教他在光焰上做个护法，引众回云，径归宝刹。”

最终，如来收服大鹏后，唐僧一行人才能继续西天取经。这几乎是八十一难中难度最大的一关，直到如来亲自出手，才彻底解决了狮驼岭难关。因此，狮驼岭三魔头尤其是大鹏金翅雕的强悍战斗力，给读者留下了深刻印象。在此后很多文学与影视作品中，大鹏、老鹰之类的形象，往往都成为反派角色中力量最强、谋略最深者，由此衍生的作品更是不计其数。

| 超强力量的化身 |

大鹏超强力量的形象，不只体现在神话故事与神魔小说中，在一些历史演义类的作品中，如果要塑造战斗力非凡的角色，有时也会赋予其大鹏转世的“人设”。比如《说唐全传》故事中的李元霸，其本尊就是大鹏金翅鸟。

在书中第三十三回出场时，李元霸的形象就十分霸气强悍：“此时唐公有四子，长建成、次世民、三元吉、四元霸。这李元霸年方十二岁，生得尖嘴缩腮，面如病鬼，骨瘦如柴，力大无穷。两柄铁锤，其重有八百斤，坐一骑万里云，天下无敌，在大隋称第一条好汉。”

这段描述有两个很关键的点。首先，李元霸以李渊的第四子的身份登场，但书中只介绍了李元霸的外形，却对李建成、李世民、李元吉的形象只字不提，只说出他们的名字，由此凸显李元霸的特别之处。其次，李元霸的形象有很强的反差效果：虽然骨瘦如柴，身体如同病秧子，却拥有天下最强的力量。而且李元霸才十二岁，就成为战斗力最强的好汉。这种形象在现实中当然是不可能存在的，是反科学、反常识的，但在文学中却具备夸张的魅力，能调动起读者的极大兴趣。

唐代画家阎立本《历代帝王图》中的隋炀帝形象

李元霸刚刚登场，就展现出不同凡人的武力，这与大鹏的超强力量形象相契合。在隋炀帝面前，李元霸要挑战无敌将军宇文成都，让他“出来看看”。

书中写道：“只见班中闪出宇文成都道：‘在下便是。’元霸一看，又笑道：‘这就叫无敌将军！恐未必然！’成都怒道：‘若有能敌的，你可寻一个来。’元霸道：‘不必去寻，只我就是。’成都笑道：‘你这样的孩子，只消我一个指头，就断送你命了。’炀帝道：‘既出大言，必有本事，二卿可便交交手看。’元霸道：‘臣用一条臂膊挺直在此，若推得动，扳得下，就算他做无敌将军。’说毕，即挺直臂膊过来。成都大怒，赶上来一把扯住元霸的手，用力一扯，好似蜻蜓摇石柱一般，莫想动得分毫。”

这段对话十分有趣，两个天下武力最强的人，竟然像小孩子玩游戏一样，在大殿之上拉钩比武。当然，这种玩法是李元霸主动挑起的。从“人设”的年龄和外形来看，李元霸确实是个小孩，而且是一个拥有超强力量的小孩。这与庄子笔下的鲲鹏形象亦有相似之处——既有强大的运动能力，也是自由精神的寄托。如果李元霸被塑造成一个健硕刚毅的成年人，就很难具备反差与夸张的形象，而小孩子的纯粹与自由状态，也让他的形象被赋予了更多超凡的色彩。

很多读者都会分析其他隋唐好汉为什么战斗力强悍，作者也会书写秦琼、罗成等人的武艺成长过程，而对于李元霸，则没有一个成长过程，而是出场即巅峰，从生到死一直都比其他人强悍。在战场上，李元霸也像个疯子一样进入“忘我”状态，随意击杀敌人，未曾遇到对手。从这个意义上讲，李元霸像是天神转世，是人们对至高力量的精神寄托，也是某种“忘我”状态自由精神的呈现。

因此，在李元霸与宇文成都比武时，才会出现让人惊叹的一幕：他十分轻松地举起了石狮子。书中写道：

“元霸也走出午门，左手提起左边狮子，右手握起右边狮子，一齐举起，走到殿上。炀帝与众臣看了，皆说真是天神。元霸在殿上，把两手举上举下十数遍，依旧举出午门，把两个狮子放好了，复走入来。”

除了天神下凡，恐怕无法再有其他原因能解释其拥有超强力量。对此，宇文成都自然不服气，不久之后，他们各自拿起武器，来了一场真正的比武：

“成都大喝道：‘李元霸快来纳命。’遂举起流金镋，向前当的一镋，李元霸把锤往上一架，当的一声，把流金镋打在一边。成都叫过：‘这孩子好家伙！’举起流金镋，又是一镋，那元霸又把锤一架，将流金镋几乎打断，震得成都双手流血，回马便走。元霸一马赶来，伸手夹背心一把提过马，炀帝见成都被擒，怕伤了性命，忙传旨放了。”

李元霸在这里本可以取宇文成都的性命，但他想起师父的教导，才放了他：“我当年在后花园中学习武艺，师父紫阳真人曾吩咐我，不可伤了使流金镋的性命。”这个细节十分重要，不仅再次强调李元霸身上的天神力量，还赋予了宇文成都一定的神话色彩。

民间传说两人是相生相克的关系，李元霸若杀死了宇文成都，他也将命丧九泉。这种设定，其实蕴藏了中国传统文化里的智慧：世间万物都是相互依存的状态，力量也在不断转化中获得动态平衡。

当然，与李元霸构成力量制衡的只有宇文成都，其他的好汉在他面前便没有取胜的可能。即便是《说唐》中排名第三的好汉裴元庆，在李元霸面前也没有招架之力。书中相关情节十分精彩，再次展现了李元霸的超强力量：

“元霸冲到西边，当头裴元庆一马迎来。见头上没有黄旗，就把锤打来。裴元庆把锤一架，大叫道：‘好家伙！’元霸又连打二锤，元庆连架二下，叫道：‘果然好厉害！’回马便走。元霸大叫：‘好兄弟，天下没有人当得我半锤，你能连接我三锤，也算是个好汉，饶你去吧！’一马冲入营来，正撞着伍云召、雄阔海、伍天锡。三人围将拢来战元霸。元霸大怒，把手中锤一摆，撞着三般兵器，当的一响，三人虎口震开，大败而走。”

这里对战李元霸的不只是裴元庆，还有伍云召、雄阔海、伍天锡三位好汉，而他们都是排名紧随裴元庆之后的高手。民间熟知的秦琼、罗成、尉迟恭、单雄信、王伯当、程咬金等人，武力排名都远在这几人之后。李元霸凭借一人之力，连续击败排名第三、第四、第五、第六的高手，其强悍力量由此可见一斑。

在历史上，还有一些自诩为武力超凡的人，也要戴上金翅大鹏雕的光环。比如，隋末军阀朱粲自称迦楼罗王，迦楼罗便是金翅大鹏雕的原型。罗贯中写的历史章回体小说《隋唐两朝志传》中，对朱粲有这样的描述：

“楚国朱粲，亳州城父人也。初为县吏，大业中从军伐贼于长白山，亡命去为盗，号可达，自称为迦楼罗王，领众十万，度淮着竟陵、沔阳，所至残戮无遗瞧。僭号楚帝，建元为昌达。”

至于朱粲自称“迦楼罗王”的原因，有研究者认为：“在民间，迦楼罗和龙之间的纠葛恩怨，也广为人所知……他以‘迦楼罗王’自居，主要还是为了取其颠覆皇权之意的‘革命’精神。”[1] 事实上，在古代军阀混战时，寻找一些来自神界的“合法性”的是常见操作，他们认为这样的做法，可以让自己获得上天的支持，也能迷惑老百姓，以固民意基础。

在《水浒传》中，也有大鹏形象的化身，此人便是摩云金翅欧鹏。欧鹏在书中第四十一回登场，在梁山好汉江州劫法场之后，带领黄门山众人投奔宋江。《水浒传》是这样描述欧鹏的身世和形象的：

“为头的那人姓欧名鹏，祖贯是黄州人氏。守把大江军户，因恶了本官，逃走在江湖上。绿林中熬出这个名字，唤做摩云金翅。有诗为证：黄州生下英雄士，力壮身强武艺精。行步如飞偏出众，摩云金翅是欧鹏。”

欧鹏原来是军护出身，但因为得罪了官员，不得不逃亡江

1 孙英刚：《隋末军阀朱粲为何自称“迦楼罗王”》，《文史知识》2018 年第 2 期。

明代画家杜堇《水浒人物全图》中欧鹏形象（右一）

湖。至于其中的具体缘故，书中并无交代，不过，欧鹏能在黄门山成为头领，应该还是有些真本事的。

欧鹏在梁山好汉中排名第四十八位，是为地阔星，在大聚义之后担任马军小彪将兼远探出哨头领。欧鹏后来随梁山军出征，最后在征方腊时战死沙场。

杀死欧鹏的是方腊军中的神射手庞万春。在此之前，庞万春已经连续射杀多位梁山好汉。《水浒传》书中对这一惨烈的战事有十分细致的描写，包括史进、石秀在内的诸多高手，都被一并杀死，庞万春的战斗力与谋略由此可见一斑。

因此，再讲述到欧鹏单挑庞万春的故事时，就更能烘托出欧鹏的勇气与武艺。在跟随卢俊义攻打歙州时，欧鹏虽然战死，却十分壮烈，令人唏嘘慨叹：

“城门开处，庞万春引军出来交战。两军各列成阵势，庞万春出到阵前勒战。宋军队里欧鹏出马，使根铁枪，便和庞万春交战。两个斗不过五合，庞万春败走。欧鹏要显头功，纵马赶去。庞万春扭过身躯，背射一箭。宋将欧鹏手段高强，绰箭在手。原来欧鹏却不提防庞万春能放连珠箭。欧鹏绰了一箭，只顾放心去赶。弓弦响处，庞万春又射第二只箭来。欧鹏早着，坠下马去。”

由此可见，欧鹏的武艺尤其是防御力不错，竟然能躲过庞万春一箭，还能将箭绰在手里，可见其水平之高。只是没料到，庞万春能射连珠箭，躲过第一支箭，却没能躲过第二支箭，最终被庞万春射杀。但欧鹏的勇敢与壮烈，却留在了书上，并经过口口相传，令人铭记。

其实，在古代小说中，被视作大鹏转世或者形象再现的角色还有很多。比如，《封神演义》中羽翼仙这个角色，本尊也是大鹏。书中有这样的描述：“话说羽翼仙饮至一更时分，命张山收去了酒，出了辕门，现了本像，乃大鹏金翅雕。张开二翅，飞在空中，把天也遮黑了半边。”其展翅飞翔，扶摇直上，成为大鹏的标志性动作，也让后世的故事创作者，可以从中找到塑造神通角色的灵感。

从鲲鹏到迦楼罗，再到金翅大鹏雕，以及各种拥有巨大力量的角色，这些形象的流变，丰富了中国文化中关于心灵自由与英雄文化的内涵，也让后世在鲲鹏的形象中，拥有更多挑战自我的信心与精神动力。无论是在文化还是科技领域，不断追求更加强大与自由的状态，都是我们共同的心愿。

第三章

“墨子”量子科学实验卫星：探寻真理的沉思时刻

2016 年 8 月 16 日 1 时 40 分，在酒泉卫星发射中心，科学实验卫星“墨子号”发射升空。当时，全国主流媒体都聚焦此事，因为这又是中国航空航天事业迈出的关键一步。

“墨子号”的高科技含量极高，凝聚了太多科研工作者的心血，也展现了中国科技发展的最新状况。据资料介绍：“它是中国科学院空间科学先导专项首批科学实验卫星之一，其主要科学目标是借助卫星平台，进行星地高速量子密钥分发实验，并在此基础上进行广域量子密钥网络实验，以期在空间量子通信实用化方面取得重大突破；在空间尺度进行量子纠缠分发和量子隐形传态实验，开展空间尺度量子力学完备性检验的实验研究。”[1]

此后，“墨子号”给我们带来了很多惊喜。2020 年 6 月，“墨子号”首次在国际上实现千公里级基于纠缠的量子密钥分

1 中国科学院官网：《我国成功发射世界首颗量子卫星》，2016-09-16，https://www.cas.cn/zt/kjzt/lzwx/mtbd/201608/t20160816_4571321.shtml.

“墨子号”卫星

中国科技馆展示的墨子科学实验卫星模型（黄西蒙 摄）

发；2021 年 1 月，跨越 4600 公里的天地一体化量子通信网络在我国建成……

“墨子号”在卫星技术上实现了多个突破。其中最引人关注的突破之一，就是它实现了天地一体化的量子连通。这个难度有多大呢？据专业人士分析：“量子的编码就像计算机编码 0101 一样，有正负、垂直、水平等不同状态，要把量子的偏振方向检测出来，才能变成密码。”打个比方，“这就像在万米高空，往地面的一个存钱罐里扔硬币，要准确地将硬币投掷于储蓄罐的狭小入口内。若出现一点偏差，信息传递便会功亏一箦”。[1]而且，在探测器灵敏度、时间同步设置等方面，“墨子号”也实现了技术上的重大突破。

“墨子号”的成功，也鼓舞了中国的科研工作者。时任中国科学院院长白春礼对此评价：“这标志着中国量子通信研究在国际上达到全面领先的优势地位……创新永无止境，也容不得半点懈怠，不进则退，慢进也是退。目前，我们在量子通信研究领域保持着领跑优势，但竞争日趋激烈。美国已经发布了新的量子科研计划，欧盟、日本也在加紧研究，在新一轮的科研比拼中，我们面临的形势之严峻和压力之大，都将超过以往。希望‘墨子号’实验团队，以及更多的科研工作者，把握机遇，以时不我待的精神，艰苦奋斗，勇攀高峰，服务国家，造福人民。”[2]

有量子科技研究者还这样评价“墨子号”成功升空的意义：“首次在空间尺度上实现对量子力学非定域性的实验检验，加深人类对量子力学基本原理的理解，并为量子力学非定域性的终极检验奠定基础。”[3]

中国科学院院士潘建伟曾说：“我们当时取‘墨子号’这个名字，就是想告诉大家：中国人可以做好科研……取名“墨子”

1 中国科学院官网：《“墨子号”牛在哪？》，2016-08-16，https://www.cas.cn/zt/kjzt/lzwx/jzjd/201608/t20160816_4571324.shtml.

2 中国科学院官网：《中国量子通信技术达到全面领先地位》，2017-08-11，https://www.cas.cn/zt/kjzt/lzwx/mtbd/201708/t20170811_4611054.shtml.

3 彭承志、潘建伟：《量子科学实验卫星——“墨子号”》，《中国科学院院刊》2016 年第 9 期。

正是为展现我国的科研自信。”[1]

由此可见，“墨子号”得名于中国先秦时期的哲学家墨子，在近年诸多大国重器的命名中，很少有直接拿古代哲人名字来用的情况。“墨子号”直接使用墨子的名字，说明二者之间有密切的关联，也说明哲人墨子的思想与精神，在今天对科技事业的发展仍有很大的帮助。

相比“孔孟老庄”，墨子的名气似乎没有很大，但墨子与墨家在中国思想史上仍是不可忽视的存在。墨子似乎是神秘的，也是颇有传奇色彩的，他让几千年后的我们仍然能够获得智慧的启迪。

| 从尚贤尚同到贤能政治 |

学术界一般认为，墨子与墨家代表的是手工业者、小生产者和城镇自由民的利益。这些群体在古代很难成为主流政治话语的占有者，而统治者往往采用“外儒内法”的手段，要么用儒家思想治国，要么用法家思想巩固统治，有时候还会借用道家和佛教思想，但唯独墨家思想，从来没有被哪个帝王当作治理天下的工具。这一方面让墨子和墨家的名气渐渐变小；另一方面也“保护”了墨家的纯粹性，让它始终没被政治话语“改写”。

正因如此，有人误以为墨子是远离政治的，是不关心国家治理问题的，实则不然。《墨子》在开篇就花了很大的篇幅，讨论

1　澎湃新闻网：《挑战世界最高难度！中国科学家把量子实验室“搬”上太空》，2021-06-23，https://www.thepaper.cn/newsDetail_forward_13265655.

什么样的社会管理与用人观念是合理的，墨子对政治的理解，其实也相当深刻。

墨子在推崇贤人的观念上，其实不亚于孔子对圣贤的崇拜。在《墨子·尚贤》中有这段十分精彩的论述：

“故古者尧举舜于服泽之阳，授之政，天下平。禹举益于阴方之中，授之政，九州成。汤举伊尹于庖厨之中，授之政，其谋得。文王举闳夭、泰颠于罝罔之中，授之政，西土服。故当是时，虽在于厚禄尊位之臣，莫不敬惧而施；虽在农与工肆之人，莫不竞劝而尚意。故士者，所以为辅相承嗣也。故得士则谋不困，体不劳，名立而功成，美章而恶不生，则由得士也。是故子墨子言曰：‘得意，贤士不可不举；不得意，贤士不可不举。尚欲祖述尧舜禹汤之道，将不可以不尚贤。夫尚贤者，政之本也。’”

在这里，墨子提出为政的根本就是尚贤，他对贤能政治的渴望，在战乱频仍的春秋战国时期显得格外醒目。他对和平与安定的渴望，其实也体现了当时老百姓的朴素愿望。与其他流派的思想家一样，墨子想实现他的政治理想，也需要通过说服统治者，因此《墨子》中不乏各种引经据典的段落，上古的尧、舜、禹、汤的经典故事亦被搬出，在这一点上，墨家与儒家有相似之处。但是，墨子在尚贤的基础上，还提出尚同的思想，这就让他的政治观念更加完善，也更具有可操作。

在《墨子·尚同》中，墨子这番论述十分深刻：

“知者之事，必计国家百姓所以治者而为之，必计国家百姓之所以乱者而辟之。”然计国家百姓之所以治者，何也？上之为政，得下之情则治，不得下之情则乱。何以知其然也？上之为政，得下之情，则是明于民之善非也。若苟明于民之善非也，则得善人而赏之，得暴人而罚之也。善人赏而暴人罚，则国必治。上之为政也，不得下之情，则是不明于民之善非也，若苟不明于民之善非，则是不得善人而赏之，不得暴人而罚之。善人不赏而暴人不罚，为政若此，国众必乱。故赏不得下之情，而不可不察者也。”

换言之，有秩序的管理才是有效的，赏罚分明、上下等级分明，才能提高一个组织的行动效率。而无组织、无纪律的团体，就会走向混乱，以至于是非不分，善恶不明。因此有人称墨子有很强的集权思想。但墨子并非为了集权而集权，而是为了配合尚贤的做法，为了让贤能政治可以从理论变成现实。墨子认为要有上下级的服从关系，比如臣民要服从君主，而君主则要顺从天意，这个层层关联的方式，将个体与集体联系起来。而在一个贤明君主的统治下，社会发展的速度会加快，百姓也会更容易迎来和平与繁荣。

因此，墨子在谈到尚同思想的时候，就十分鲜明地点明其关键性：

“今天下王公大人士君子，中情将欲为仁义，求为上士，上

墨子画像

欲中圣王之道，下欲中国家百姓之利，故当尚同之说而不可不察，尚同为政之本，而治要也。”

墨子的这一思想，与现代的精英主义观念有相似之处。而有关这一问题的思考，其实在西方思想史上也一直存在。

精英主义最初是一个政治学上的概念，其内涵的延伸与变化，围绕西方学术谱系的承续而展开。19 世纪末，帕累托、莫斯卡等思想家开始关注到精英群体在政治程序运转中的重要地位，并认为精英在历史发展中始终起到决定作用。帕累托在《精英的兴衰》中给“精英”下了一个定义：“它是指最强有力、最生气勃勃和最精明能干的人，而无论好人还是坏人。”但是，他们的思维依然是一个古典的政治哲学路径，这条脉络最初可以追溯到古希腊时期柏拉图的思想。他们虽然意识到了精英主义与民主政治的关系，但与现代意义上的精英民主政治不同。

后来，熊彼特从精英民主论的层面，将精英主义与现代政治绑在一起——通过制度层面的操作，来实现民主程序与精英话语的结合，最终是由多数人选举产生的精英，来代替多数人行使权力的。随着社会层级化的深入，马克斯·韦伯又将精英主义与官僚制结合起来，认为通过有效的治理方式，精英群体可以维持社会秩序，而不同层级上的权力博弈，也能依照基本的共识或规则。

从古典精英主义到精英民主论，虽然西方思想家对精英的具体内涵理解不同，但普遍认为它基于个人利益与社会集体利益的联合，而程序上的民主是至关重要的。但是，这些利益的结合，是基于一定的规则来完成的，而规则的制定者与修改者，又是精英群体。这就导致民众参与到精英的决策活动时十分被动，很容易受到精英话语的刻意诱导。比如，不少欧美国家在选举中通过资本的力量，借助大众传媒与广告来引导选民。如果没有自己独立的思想与“反精英话语”的意识，民众很容易被精英话语带了节奏。

在中国古代，虽然没有对精英主义的理论分析，但现实层面上的精英话语与民众话语的博弈却始终存在，反映在政治层面，就是贤能政治的现象。顾名思义，贤能政治就是通过选贤举能，实现社会阶层在一定范围内的流动，不论是早期的察举制，还是隋唐之后的科举制，都是精英生成与变化的重要渠道。至于充斥在古代历史中的大量党争、廷议事件，则是精英群体内部竞争的方式。

加拿大政治学者贝淡宁在《贤能政治》一书中提出“尚贤制比民主选举制更适合中国”的命题，一度引起了巨大争议。其思维路径的源头，其实就是看重了儒家文化在中国古代政治逻辑中的“压舱石”作用，由此引发对中国古代政治“特殊论”的论述。但是，贤能政治的一大问题是过度相信上层社会的稳定。但即便是古代统治者内部，也不是铁板一块，当所谓的“精英统治”失效——比如君主昏庸或宫廷斗争剧烈时，社会秩序剧变的风险也会加剧，甚至造成朝代更迭。在这个问题上，墨子的思考似乎更“接地气”一些，他不仅提出尚贤，还提出尚同，这让贤能政治更具有现实操作性。

其实，不论是中国古代的贤能政治，还是西方精英民主秩序，民众的话语权都是有限的，权力与资本的动向，最终还是掌控在精英群体手中。因此，当民众看不到普通人命运可以改变的时候，便会对精英群体产生负面印象，认为是他们攫取了社会的资源，堵塞了阶层流动的渠道。出于描述的方便，很多人又把“精英”泛化为权力、资本与话语权上的优胜者，当这种观念越发强烈时，社会各阶层之间的共识也会越来越少。

但是，真正意义上的精英不该是工具化、极端功利化的。真正的精英主义，固然来自一批在权力和资本上的优胜者，但是，他们应该具备更强的人文关怀，而不是只满足自己需要却要打着“精英”的幌子。墨子对这一问题早有思考，他提出的“兼爱”与“非攻”的思想，对个别统治者过于自私的做法，就有一定的谏言与校正的作用。

|“兼爱”与“非攻”|

“兼爱”是“兼相爱交相利”的简称，墨子十分看重人与人之间的相互关爱，而“非攻”则体现出他对和平与统一的强烈渴望。春秋战国时代，国家之间纷争不断，社会组织也在瓦解中重组，尤其是从战国开始，国家之间的兼并更加激烈，强国对弱国的欺凌成为十分常见的现象。在这个过程中，受苦最多的还是老百姓，尤其是手工业者、小生产者渴望一个和平的环境，否则只能在夹缝中生存，生命与物质财富都朝不保夕。

面对社会现实，墨子强调要通过不同国家与阶层之间的互利与互爱，来减少矛盾、凝聚共识。这与孔子的仁爱思想亦有相似之处。

在《墨子·兼爱》中，有这样的论述：

“虽至天下之为盗贼者亦然：盗爱其室，不爱其异室，故窃异室以利其室。贼爱其身，不爱人，故贼人以利其身。此何也？皆起不相爱。虽至大夫之相乱家，诸侯之相攻国者亦然：大夫各爱其家，不爱异家，故乱异家以利其家。诸侯各爱其国，不爱异国，故攻异国以利其国。天下之乱物，具此而已矣。察此何自起？皆起不相爱。”

墨子发现国家之间的矛盾，就在于人们过于自私，只看重自己小家的利益，却对外界没有同理心。因此，墨子认为要想实现天下诸国的和睦相处，需要国家与国家之间停止征伐，家族与家族之间放弃纷争，形成一套有秩序、讲道义的规则：

“若使天下兼相爱，爱人若爱其身，犹有不孝者乎？视父兄与君若其身，恶施不孝？犹有不慈者乎？视弟子与臣若其身，恶施不慈？故不孝不慈亡有。犹有盗贼乎？故视人之室若其室，谁窃？视人身若其身，谁贼？故盗贼亡有。犹有大夫之相乱家、诸侯之相攻国者乎？视人家若其家，谁乱？视人国若其国，谁攻？故大夫之相乱家、诸侯之相攻国者亡有。若使天下兼相爱，国与国不相攻，家与家不相乱，盗贼无有，君臣父子皆能孝慈，若此，则天下治。”

只有真正做到相互理解与关爱，乱世才会变成治世。墨子说：“故圣人以治天下为事者，恶得不禁恶而劝爱？故天下兼相爱则治，交相恶则乱。”兼爱是解决人与人、国与国之间矛盾的关键办法，只有互相关爱才能实现真正的和谐状态。

在兼爱的同时，不搞无道义的战争与攻伐，同样是十分必要的。在《墨子·非攻》中，我们可以看到非攻的价值：

“今且天下之王公大人士君子，中情将欲求兴天下之利，除天下之害，当若繁为攻伐，此实天下之巨害也。今欲为仁义，求为上士，尚欲中圣王之道，下欲中国家百姓之利，故当若‘非攻’之为说，而将不可不察者此也。”

墨子还提倡节用、节葬的思想，在当时这是一种朴素的节俭观念。这不只是个人的习惯问题，更是一个国家得以立足的重要因素。《墨子·节用》中有这样的文字：

“圣人为政一国，一国可倍也；大之为政天下，天下可倍也。其倍之，非外取地也，因其国家去其无用之费，足以倍之。圣王为政，其发令兴事，使民用财也，无不加用而为者。是故用财不费，民德不劳，其兴利多矣。”

而面对丧葬问题，墨子呼吁薄葬，并引经据典，说明薄葬与国家兴衰的关系：

“乡者，吾本言曰：意亦使法其言，用其谋，计厚葬久丧，请可以富贫、众寡、定危、治乱乎？则仁也，义也，孝子之事也。为人谋者，不可不劝也；意亦使法其言，用其谋，若人厚葬久丧，实不可以富贫、众寡、定危、治乱乎？则非仁也，非义也，非孝子之事也。为人谋者，不可不沮也。是故求以富国家，甚得贫焉；欲以众人民，甚得寡焉；欲以治刑政，甚得乱焉；求以禁止大国之攻小国也，而既已不可矣；欲以干上帝鬼神之福，又得祸焉。上稽之尧、舜、禹、汤、文、武之道，而政逆之；下稽之桀、纣、幽、厉之事，犹合节也。若以此观，则厚葬久丧，其非圣王之道也。”

因此，墨子说：“今天下之士君子，中实将欲为仁义，求为上士，上欲中圣王之道，下欲中国家百姓之利，故当若节丧之为政，而不可不察此者也。”节约资源，爱惜民力，反对厚葬，这对国家吸引人才、成就贤明君主都有好处，也更符合老百姓的切身利益。

终止战乱，走向和平，才能实现圣王之道，满足百姓的心愿。墨子反复强调和平与节俭的意义，但并没有太多关于大一统的思考，这是墨子比较理想化的一面，后世的法家思想则更强调秩序与威权的价值，并成为秦国统一六国的思想基础。墨子眼中的政治蓝图，似乎不如法家的观点更加实用，但他的思想也因此免于被后世帝王统治话术所利用，这也未尝不是其幸运之处。

墨子是真正属于民间的思想家，学术界对墨子的研究其实还有较大的探索空间，其中一个重要因素，就在于墨子除了哲学层面的思考，还有一些手工制造技术方面的探索。在《墨子》后半部分，有一块被称为《墨经》的内容，其中有大量古代科学技术的信息，其中有些内容关乎军事防御，由于距今较远，对其解读的难度也较大，但通过《墨经》更深入地了解墨家，尤其是发现墨家在科技方面的思考，未尝不是一件趣事。

墨家的实用技术

学术界一般认为，《墨经》包括《经上》《经下》《经说上》

《经说下》《大取》《小取》六篇，里面有不少关于光学的知识，其中最有名的就是通过小孔成像来认识光学原理。

这一实验在今天看来，也具有非凡的意义。中国科学院院士潘建伟对此有很高的评价："墨子在2000多年前就做过一个小孔成像实验。他站在门外面，在门上挖一个小孔，门里面有一面墙，结果发现墙上的影子是倒过来的。我们知道光只有沿着直线传播才会有这种现象。我们将世界上首颗量子科学实验卫星取名为'墨子号'，一方面是为了纪念墨子在我国科学方面所做出的一些重大贡献，同时为了纪念他在光学研究方面所取得的一些成就。"[1]

为了搞清楚光的直线传播问题，墨子用最原始的工具，探索着前沿的科技问题，这在当时十分不易。我们不能低估古人的智慧以及他们探索未知的勇气，即便是在今天看起来很简单的实验，在墨子那个年代也是极具想象力和突破性的。墨子是如何实现这一点的呢？我们看看《墨子·经说下》里的记载：

"光之人煦若射。下者之人也高，高者之人也下。足敝下光，故成景于上；首敝上光，故成景于下。在远近有端，与于光，故景库内也。"

《墨子》中还有大量关于军事防御的知识，其中内容之细致，

1　海外网：《潘建伟：给量子科学实验卫星，取名"墨子"是为展现我国科研自信》，2016-06-24，https://baijiahao.baidu.com/s?id=1703319652649230050&wfr=spider&for=pc.

令人啧啧称奇。这些内容简直是古代军事行动的百科全书，考虑到了战争的方方面面，比如旗帜、号令、攻防器械等，甚至连厕所这样的细节也有记录。

《墨子·号令》中有记录：

“城下五十步一厕，厕与上同圂。诸有罪过而可无断者，令抒厕罚之。”

关于如何分辨适合守城的人，《墨子·杂守》中亦有记录，这是基于现实经验的总结，不仅可以直接用于军事行动，也是看清人性的方法：

“有谗人，有利人，有恶人，有善人，有长人，有谋士，有勇士，有巧士，有使士，有内人者，外人者，有善人者，有善门人者，守必察其所以然者，应名乃内之。民相恶若议吏，吏所解，皆札书藏之，以须告之至以参验之。睨者小五尺，不可卒者，为署吏，令给事官府若舍。”

这些关于如何看人的方法，是古人通过大量实践经验得出的结论。有的人就是品行高尚的君子，但也必然存在阴险狡诈的小人。这又与《墨子》在前面讲到的亲近贤人、合理管理人才的思想相契合——对人的观察与理解，是其格外强调的内容。而在战争中，能否合理用人，尤其是如何使用善于守城的人才，更关乎战争的成败。《墨经》中其实还有很多关于辩论、游说的内容，有古代逻辑学的思想，这在先秦诸子中非常独特。从这个意义上讲，墨子的思想还有很强的实用价值，而不是简单的“清谈”。

墨子思想中对事物真实性的重视，以及在工程技术上的探索精神，丰富了中国文化的内涵，在古代科技史上留下了浓墨重彩的一笔。而在今天的科研工作中，墨子几千年前的思考，对我们也未尝没有启发。虽然研究的方法产生了巨大变化，但其中的探索精神却是始终如一的，它也不断推动着科技的进步与社会的发展。

第四章

“天宫”人造空间站：仰望星空时的丰富想象

从古至今，很多神话传说中都有“天宫”的元素。仰望星空之时，辽阔的宇宙吸引着我们去探索未知的远方。随着中国科技实力的提升，打造空间站，已经从梦想变为现实。

2011 年 9 月 29 日 21 时 16 分 03 秒，“天宫一号”顺利升空。此后，中国的人造空间站建设步伐加速。2021 年 4 月 29 日，长征五号 B 遥二运载火箭搭载中国空间站天和核心舱成功发射。官方对此给予高度评价：“这标志着中国空间站建造进入全面实施阶段，‘太空之家’的梦想正在成为现实。”[1]

“天宫”的名称因何而得名？据资料显示：“2011 年 4 月，为满足技术管理和对外宣传的需要，中国载人航天工程办公室开展了中国空间站征名活动，对社会公开征集空间站及其各个组成

---

1 中国载人航天官网：《“长天”奔“天宫”中国向太空》，2021-04-29，http://www.cmse.gov.cn/fxrw/kjzthhxcrw/mtjj/202105/t20210507_47822.html.

舱段的名称。经过公众的投稿、投选，同时结合科研人员与专家的意见，中国载人航天办公室 2013 年 10 月底正式对外宣布了中国载人空间站整体被命名为‘天宫’……载人空间站系统总设计师杨宏认为，天宫作为载人空间站名称再合适不过了，既有中

中国空间站

国人对空间站的想象，也有浑厚、大气的特质。”[1]

“天宫”在古代神话故事中是个常见的意象，而文学作品中

1 中国载人航天官网：《集大众智慧于探索 融中华文化于飞天——中国载人航天工程标识及空间站名称诞生始末》，2013-11-05，http://www.cmse.gov.cn/art/2013/11/5/art_19_510.html.

关于天宫场景的描述，也吸引着大量读者，其中的神秘与神奇之处，激发着人们的想象力与创造力。

|《西游记》中的“天宫”|

提起“天宫”，很多人都会想起《西游记》中孙悟空大闹天宫的故事。的确，这是古代小说中关于天宫形象描绘最经典、最丰富的作品之一。《西游记》中住在天宫的神仙属于上古传说与道教神灵系统，这与西天的佛教元素有所区别。从书中诸多细节中，我们也能看到古人眼中的“天宫”形象。

《西游记》在第四回讲到太白金星带着孙悟空第一次来到天庭的时候，我们便跟随孙悟空的视角，看到了这样美妙的景象：

“初登上界，乍入天堂。金光万道滚红霓，瑞气千条喷紫雾。只见那南天门，碧沉沉，琉璃造就；明幌幌，宝玉妆成。两边摆数十员镇天元帅，一员员顶梁靠柱，持铣拥旄；四下列十数个金甲神人，一个个执戟悬鞭，持刀仗剑。外厢犹可，入内惊人：里壁厢有几根大柱，柱上缠绕着金鳞耀日赤须龙；又有几座长桥，桥上盘旋着彩羽凌空丹顶凤。”

如此景象，可以用“仙气缭绕”和“威风凛凛”来概括。即便是今天的读者读来，也会被这番场景震撼，更不用说古代的读者面对这些文字会产生何种联想。虽然没有人真的见过“天宫”的模样，但作家与说书人依托现实世界而发挥想象力创造的神灵世界，依然与当时的现实世界一样，充满等级与秩序的观念。

紧接着，便是更加具体的介绍：“这天上有三十三座天宫，乃遣云宫、毗沙宫、五明宫、太阳宫、花药宫……”而且，天上还有七十二重宝殿：“朝会殿、凌虚殿、宝光殿、天王殿、灵官殿……”此后便是更加绚丽的风景描写，简直让人目不暇接，奇妙的景象绵延不绝：

“玉簪珠履，紫绶金章。金钟撞动，三曹神表进丹墀；天鼓鸣时，万圣朝王参玉帝。又至那灵霄宝殿，金钉攒玉户，彩凤舞朱门。复道回廊，处处玲珑剔透；三檐四簇，层层龙凤翱翔。上面有个紫巍巍，明幌幌，圆丢丢，亮灼灼，大金葫芦顶；下面有天妃悬掌扇，玉女捧仙巾。恶狠狠，掌朝的天将；气昂昂，护驾的仙卿。正中间，琉璃盘内，放许多重重叠叠太乙丹；玛瑙瓶中，插几枝弯弯曲曲珊瑚树。正是天宫异物般般有，世上如他件件无。金阙银銮并紫府，琪花瑶草暨琼葩。朝王玉兔坛边过，参圣金乌着底飞。猴王有分来天境，不堕人间点污泥。”

如此景象，让刚上天庭的孙悟空大开眼界。随后，便是读者熟知的“官封弼马温”的故事。孙悟空本领过人，却被闲置在一边，做了一个养马的小官，还被各种刁难，最终点燃了他的反抗精神。

孙悟空回到花果山后，更不服气天庭的规训，正好有独角鬼王建议他直接做齐天大圣，他便拿出一副分庭抗礼的姿态，彻底与“天宫”神仙决裂。书中关于孙悟空获得“齐天大圣”称号的故事，正是在他不满弼马温一职之后。由此可见，孙悟空代表的民间反抗精神与“天宫”代表的统治者的威权，在这一刻已经产生了根本性的冲突。

获知此事，天兵天将便来花果山捉拿孙悟空，此后便是《西游记》中最精彩的篇章之一。在大闹天宫的故事里，天庭中的各路神仙相继使出看家本领，也让读者了解了“天宫”人员的构成，其中几个最具代表性的角色都在此处出场。

首先登场的是巨灵神。书中对巨灵神和孙悟空的战斗场面，有十分精彩的描写：

“棒名如意，斧号宣花。他两个乍相逢，不知深浅；斧和棒，左右交加。一个暗藏神妙，一个大口称夸。使动法，喷云嗳雾；展开手，播土扬沙。天将神通就有道，猴王变化实无涯。棒举却如龙戏水，斧来犹似凤穿花。巨灵名望传天下，原来本事不如他；大圣轻轻轮铁棒，着头一下满身麻。巨灵神抵敌他不住，被猴王劈头一棒，慌忙将斧架隔，扢扠的一声，把个斧柄打做两截，急撤身败阵逃生。”

孙悟空的如意金箍棒狠狠劈下来，巨灵神不仅不是对手，连武器都被砸烂了，只能落荒而逃。随后出场的是哪吒，在《西游记》中，哪吒的形象比较饱满，关于其外貌的描写，也为后世想象与再创造哪吒形象提供了基本元素：

“总角才遮囟，披毛未苫肩。神奇多敏悟，骨秀更清妍。诚为天上麒麟子，果是烟霞彩凤仙。龙种自然非俗相，妙龄端不类尘凡。身带六般神器械，飞腾变化广无边。今受玉皇金口诏，敕封海会号三坛。”

在战斗中，哪吒展现了非凡的法力，显出三头六臂，并使出六种武器：斩妖剑、砍妖刀、缚妖索、降妖杵、绣球儿、火轮儿。哪吒与孙悟空战成一团，一度不相上下，场面十分精彩：

“六臂哪吒太子，天生美石猴王，相逢真对手，正遇本源流。那一个蒙差来下界，这一个欺心闹斗牛。斩妖宝剑锋芒快，砍妖刀狠鬼神愁；缚妖索子如飞蟒，降妖大杵似狼头；火轮掣电烘烘艳，往往来来滚绣球。大圣三条如意棒，前遮后挡运机谋。苦争数合无高下，太子心中不肯休。把那六件兵器多教变，百千万亿照头丢。猴王不惧呵呵笑，铁棒翻腾自运筹。以一化千千化万，满空乱舞赛飞虬。唬得各洞妖王都闭户，遍山鬼怪尽藏头。神兵怒气云惨惨，金箍铁棒响飕飕。”

值得注意的是，《西游记》中哪吒的形象与今人熟悉的样子有所差异，连兵器也不完全一样。一提起哪吒的兵器，很多人都会想起乾坤圈、混天绫、风火轮，在《西游记》影视剧中，哪吒也持有这些兵器，但这实际上是《封神演义》中的元素：“金镯是乾坤圈，红绫名曰混天绫。”

至于风火轮，也是《封神演义》中的元素，在《西游记》中只有火轮儿，与风火轮并不相同。

而哪吒的外形与气质，在《封神演义》中也有精彩的描写："两朵莲花现化身，灵珠二世出凡尘。手提紫焰蛇矛宝，脚踏金霞风火轮。豹皮囊内安天下，红锦绫中福世民。历代圣人为第一，史官遗笔万年新。"哪吒少年英雄的形象，不论是在《西游记》还是《封神演义》中，都给人留下了十分深刻的印象。

还是回到《西游记》的故事里，在此后的情节中，有关"天宫"形象的一大亮点，在于蟠桃园。王母盛宴的故事为人熟知，其中令人印象最深刻的就是蟠桃园的仙气，令人神往而陶醉：

"夭夭灼灼，颗颗株株。夭夭灼灼花盈树，颗颗株株果压枝。果压枝头垂锦弹，花盈树上簇胭脂。时开时结千年熟，无夏无冬万载迟。先熟的，酡颜醉脸；还生的，带蒂青皮。凝烟肌带绿，映日显丹姿。树下奇葩并异卉，四时不谢色齐齐。左右楼台并馆舍，盈空常见罩云霓。"

在蟠桃盛宴上，"天宫"中的王母娘娘与七仙女纷纷登场：

"王母娘娘设宴，大开宝阁，瑶池中做'蟠桃胜会'，即着那红衣仙女、青衣仙女、素衣仙女、皂衣仙女、紫衣仙女、黄衣仙女、绿衣仙女，各顶花篮，去蟠桃园摘桃建会。"

《西游记》插图

七仙女的名字，在其他传说故事中，还有不同的叫法，比如：绛姑、云姑、月姑、渺姑、青姑、碧姑、紫姑。

蟠桃园是展现“天宫”雍容华贵和上流气派的地方，孙悟空这种来自民间的反抗角色，自然与此处格格不入。从大闹蟠桃园到踢倒炼丹炉，孙悟空不断挑战着“天宫”与玉皇大帝的威权，直到他使出浑身解数，在诸位神仙面前展现了超强的战斗力。从整个大闹天宫的故事来看，玉帝的角色都有些尴尬，并没有传统认知中那么至高无上。实际上，《西游记》中关于天庭诸神的故事，也是在隐喻当时的社会，玉帝与民间的统治者形象在书中实现了“合流”。

不过，从神话传说中看，玉皇大帝是道教中众神的领袖，在民间认知中也有至高无上的地位。只是在《西游记》中，出于文学上的需要，才改写了玉帝的形象。

关于玉皇大帝在《西游记》中的形象，早有研究者曾这样概括：“玉皇大帝统治的天宫有森严的君臣体制……玉帝有无上威权，对众神滥行残暴的惩治……昏聩无能，贪图享受……作为天宫的一把手，遇事无主见，对逼身的威胁又毫无法力对抗。”[1] 从书中来看，玉帝难以辨别善恶忠奸，甚至对孙悟空的实力也一直估计不足，这才造成其大闹天宫后不可收拾的局面。“天宫”在《西游记》中的形象，既有浪漫的想象力的呈现，又有对现实世界的隐喻，而这种表现方式，在后来诸多文艺作品中都存在。

|《聊斋志异》中的“天宫”|

清代小说家蒲松龄在《聊斋志异》中讲述了数百个故事，其想象力之丰富，直到今天都令人惊叹。更重要的是，蒲松龄不只是在讲故事，更是借助奇妙的故事来批判与讽刺现实。其中有不少思考，在当时显得十分独特，也十分先进。比如，书中有一篇名为《天宫》的故事，就十分风趣，也带有辛辣的讽刺，堪称很有“蒲氏风格”的作品。

《天宫》的主人公是郭生，他是北京人，是个二十多岁的小

1　苏兴：《〈西游记〉的玉皇大帝、如来佛、太上老君探考》，《东北师大学报（哲学社会科学版）》1988 年第 1 期。

伙子，身形俊美，外表不俗。有一次，他醉酒之后，恍惚之中，感觉身旁有人，仔细一看，原来是个姑娘。书中有言：

“忽大醉，冥然罔觉。及醒，则与一人并枕卧。抚之肤腻如脂，麝兰喷溢，盖女子也。”

虽然这段文字不长，却塑造了忽明忽暗、半睡半醒的氛围，这也给后面“天宫”的出场埋下伏笔。

郭生与姑娘一番欢愉之后，被告知“来夕当与君一游天宫，便即为别”。在恍惚之间，郭生竟然来到了“天宫”，并看到了这番神奇的景象：

“星斗光中，但见楼阁无数。经几曲画廊，始至一处，堂上垂珠帘，烧巨烛如昼。入，则美人华妆南向坐，年约二十许，锦袍炫目，头上明珠，翘颤四垂；地下皆设短烛，裙底皆照，诚天人也。”

此处的“天宫”没有正襟危坐的统治者，也没有复杂的等级与秩序，更像是一个温柔乡，是蒲松龄笔下的不少书生会“邂逅”奇妙情缘的地方。果然，此处不仅楼宇奢华，连美人的妆容与裙装都惊艳无比，有勾魂摄魄的魅力，让郭生流连忘返。

经过一番云雨，郭生才十分不舍地离开“天宫”。临别之时，美貌女子告诉他，本想与他长居于此，却不料“天宫”要面临一番清理，闲杂人等不能继续留在这里，只好将他送走。郭生依依不舍，希望留下姑娘的梳妆品做个纪念，但对方不允许，只送给他很多财宝。

清醒之后，郭生把这神奇的经历讲给别人，却没人相信。还有当了大官的人说，这是西晋时期的妖后贾南风用过的伎俩，仙人不可能做这么低级的事情，郭生必须保守这个秘密，否则将要面临大祸。

更诡异的是，后来有经常出入富贵之家的人告诉郭生，他在恍惚之间见到的"天宫"里的楼阁，很像严世蕃家的。这严世蕃是何许人也？他正是明代嘉靖朝首辅严嵩之子，其家族一度权倾朝野，而严世蕃生活十分奢靡，沉溺于声色犬马之中，可谓腐败至极。后来，严世蕃获罪，被抄家和斩首。在民间故事中，有关严世蕃的传说不少，蒲松龄距离明朝后期这段历史不算太遥远，更容易受到民间情绪的影响，因此，创作中引入严世蕃家族的腐败形象，也就不令人奇怪了。

显然，《天宫》设置这一情节，有很强的现实隐喻色彩：沉溺于物欲与色欲，必将被欲望反噬，不论是严世蕃这样的豪门，还是故事中郭生这样的普通书生，都是一样的。只是，蒲松龄给郭生留了个还不错的结局，悟透了之后赶忙远走他乡，也算逃过一劫："郭闻之大惧，携家亡去。未几严伏诛，始归。"

蒲松龄对这个故事，有颇为辛辣的评价：

"高阁迷离，香盈绣帐；雏奴蹀躞，履缀明珠：非权奸之淫纵，豪势之骄奢，乌有此哉？顾淫筹一掷，金屋变而长门；唾壶未干，情田鞠为茂草。空床伤意，暗烛销魂。含颦玉台之前，凝眸宝幄之内。遂使糟丘台上，路入天宫；温柔乡中，人疑仙子。伧楚之帷薄固不足羞，而广田自荒者，亦足戒已！”

太多人容易在迷惘之中坠入温柔乡，却不知自己已经陷入了圈套。越是看起来迷人的东西，越有可能有害，识破真相、保持底线，才能平安无忧。“天宫”在蒲松龄笔下，不仅是对现实世界的隐喻，也都有某种“欲望之地”的色彩。

纵观《聊斋志异》中的神灵世界，大多具备现实世界中不存在的“超越性”，它能满足人的各种欲望，但如果人不能理性地面对“仙缘”，也可能会被反噬。《天宫》的故事令人清醒，而《聊斋志异》中也有一些类似的故事，让人慨叹或欣慰。

比如《贾奉雉》这篇，讲的就是凡人贾奉雉进入仙洞后“穿越”到了几十年后的世界，与自己的子孙后代上演了一幕幕悲喜交加的故事。贾奉雉体会过读书人无人赏识的无奈，也体会过当官的滋味；有过落寞与痛苦，也有过光宗耀祖的时刻，而他最后还是被免去官职。经历大起大落的他，再次遇到了仙人，大彻大悟，便使仙缘失而复得。

蒲松龄写下这些故事，其实有很强的隐喻色彩与警世意味，让我们看到人生命运的跌宕起伏。相比《西游记》中的“天宫”形象，《聊斋志异》似乎在刻意避免宏大叙事的场面，不直接写那些民间熟悉的神灵，而是将神仙形象模糊化，使之更像一个象征符号。也正是基于这个原因，后世并不把《聊斋志异》当成神魔小说或者神话故事，而是把它当做文人创作的笔记小说，在这里，仙气飘飘的“天宫”，更像是对现实人间的折射。

|“天宫”形象的流变：从《平妖传》到《天书奇谭》|

古典小说《平妖传》中的“天宫”形象也十分耐人寻味，而这一形象和它衍生出的故事，在后世也被二次创作，诞生了类似《天书奇谭》这样的动画电影作品，也向人们展示了“天宫”的不同故事。

《天书奇谭》动画在2021年再次上映，让不少观众“重温童年”。这部于1983年由上海美术电影制片厂出品的动画，在今天仍能有长盛不衰的口碑，不仅与其精心创作的内容有关，更在于其中的中华文化的意蕴。《天书奇谭》中有不少中国历史文化的元素，细细品来，确实很值得玩味。

“天宫”与“天书”在《天书奇谭》中是推动情节发展的关键要素。天宫里的袁公负责看管“天书阁”，在他发现书中玄奥知识后，便生出将这些珍宝带向人间的念头。袁公又将法术传授给蛋生，想借助仙家的能力造福于民。其中存在天宫中诸神与人间黎民百姓之间信息认知差的问题，袁公就是那个试图缩小二者差异的角色。显然，这是不被天宫所允许的，最终袁公被锁上铁链，带回天宫，等待他的恐怕是严酷的惩罚。

袁公在作品中被塑造成一个普罗米修斯式的角色，他的自我牺牲精神，曾让不少观众为之动容。而袁公最终的命运，在《天书奇谭》里是一个开放式的结局，这也更加让人回味。不过，历史上真正的天书事件，并没有什么牺牲与奉献精神，更像是一场政治上的闹剧。

在历史上，真的有过“天书”事件。北宋真宗年间，为了粉饰自己的统治，宋真宗先后五次假托天神制造了所谓的“天书”，又封神泰山，大肆宣扬自己的“丰功伟绩”。朝中多数大臣自然也明白其中的缘故，纷纷附和宋真宗的表演。宋真宗意图用这些天降祥瑞告诉世人，宋辽之间的澶渊之盟是合理的，而宋真宗也是保境安民的好皇帝，认可宋帝国的现状，是天下臣民的唯一选择。

虽然这个把戏在今天看来相当荒唐，但通过祥瑞来证明自身统治合法性的做法，在古代确实屡试不爽。不论是王莽还是宋真宗，甚至那些底层的起义者，都想从中获取来自上苍的“精神支持”，进而为自己的身份增光添彩。《天书奇谭》的文学来源《平妖传》讲述的就是北宋真宗时期的故事。其中讽刺与隐喻的意味是明显的，《天书奇谭》中有些讽刺官场黑暗的元素，也有一些看似荒唐实为批判意味的桥段，同样给观众留下了深刻印象。

《天书奇谭》背后的《平妖传》(又名《三遂平妖传》)到底是怎样的一部书？其实，这部作品也经过了比较漫长的创作过程，这种做法在古代小说史上并不罕见——后面的作者根据前人的创作蓝本，进行续写、修改等。《平妖传》最早是罗贯中写的一部以宋代王则起义为原型的小说，其中一些基本元素都已经出现，但平心而论，其传奇性较弱。罗贯中版的《平妖传》共20回，之后冯梦龙在此基础上改写为40回，并成为后来的通行版本。因此，我们今天看到的《平妖传》，一般都署名为罗贯中、冯梦龙著。

冯梦龙笔下的《平妖传》充满着仙家气息，纳入很多灵异神怪的元素。其开篇就说："生生化化本无涯，但是含情总一家。不信精灵能变幻，旋风吹落活灯花。"不过，《平妖传》中的角色与《天书奇谭》还不太一样，比如小说中的角色蛋子和尚，在动画中成了主角蛋生，这种处理方式可能是为了更加吸引受众，毕竟孩子的视角更能吸引低龄观众，也能增加动画的趣味与灵动性。

从《平妖传》的诸多章节中，我们也能看到《天书奇谭》的影子，虽然动画对小说内容的改写很大，但确实参考了书中不少元素。比如，《得道法蛋僧访师 遇天书圣姑认弟》这回讲的是蛋子和尚寻仙求道的故事：

"掉臂出门不返顾，天涯游遍求明师。迷津偶尔来云梦，行人指示神仙洞。年年端午去朝天，香沉雾卷些时空。奇书灵迹神魂骞，餐风宿雨何精虔。"

还有《老狐精挑灯论法 痴道士感月伤怀》这回，从六众长老与蛋子和尚相见的故事讲起，狐狸精的元素也出现了，只是动画进行了更符合观众审美偏好的处理，进而增加了角色形象的对比度。

《天书奇谭》的故事实际上只是《平妖传》中部分章节的内容。《平妖传》之所以又名《三遂平妖传》，就在于后半部章节，主要讲的是镇压王则起义的故事，马遂、李遂和诸葛遂智（蛋子和尚的化身）就是镇压的力量。

虽然从文学价值上看，《平妖传》无法进入古代小说中的第一梯队，但它对古代社会生活也有所着墨，虽然是神魔故事，却也有一些世情世态的书写，甚至有某种平民视角，这在当时相当难得。这种从普通人的视角来叙事的做法，在明代后期才逐渐成为常见现象。而后世创作者从《平妖传》中汲取创作灵感的时候，对其中的文化元素进行适度的扬弃，做到经典元素的现代转化，而不是简单地照搬原著，这样才能吸引更多观众。

作为对“天宫”故事的现代演绎，动画电影《天书奇谭》可圈可点之处颇多。在那个没有高超动画技术的时代，动画制作者就从中国传统文化元素中寻找灵感，挖掘素材，这也让《天书奇谭》更像是一件工艺品，而不是动画工业流水线上的产品。

《天书奇谭》中一些角色的形象采用了中国戏剧中常见的脸谱化处理方式，比如坏人的丑角与白脸形象让人印象深刻、狐狸精的形象媚态百出，这些都符合传统文化中对其妖艳角色的形象定位。至于袁公、蛋生这类正面角色，则被赋予了勇敢、自由的形象，他们的法力虽然不是最高超的，但其人格魅力却能担当其作品中的主角。

在动画中，我们能看到大量水墨画一般的镜头，比如天宫中仙气缭绕的景象、蛋生智斗敌人时的分镜变化，都如行云流水一般，十分自然，也让观众十分享受。而在呈现仙界景象时，观众可以看到与《平妖传》中十分相似的美学意境，比如天宫蟠桃盛宴这段内容，书中这样说：

“昆仑乃在赤水阳，古称地首天中央。星晨隔辉挂天柱，日月引避行其旁。瑶房积石开玄圃，宝树琪花颜色古。中有蟠桃万丈高，含蕊千年才一吐。千年结实千年熟，渥丹斗大如红玉。此时王母开寿筵，十万仙真共欢祝。寿筵高启碧琳堂，凤锵鸾舞纷迴翔。玉童前驱执羽盖，灵妃后列吹笙簧。”

又如在写蛋子和尚来到辰州的时候，书中的风景描写也与《天书奇谭》中的古风镜头也有异曲同工之妙：

“复岭重冈，控溪扼洞。山有二酉五城之雄，水有黔江武溪之胜。罗公隐处，鸟鸣占雨无差。辛女化来，石立与人不异。明月洞，泉澄岩上。桃花山，春满峰头。齐天秀色每连云，龙涧腥风常带雨。”

这类颇有灵气的文字在《平妖传》中并不少见。通过环境来呈现人物心理与性格，而不是直接描写人物的内心活动，这是中国古代小说的常见手法。

“天宫”的文化内涵是丰富的，它既有《西游记》和《封神演义》中的神魔故事，还有《聊斋志异》中对现实“欲望之地”的呈现，也有《天书奇谭》这类现代经典作品对传统文化元素的融合与再创造。通过“天宫”的世界，我们不难感受到中华传统文化的魅力和无限可能。

第五章

“神舟”宇宙飞船：飞天夙愿的艺术表达

2021 年 11 月 8 日 1 时 16 分，在约 6.5 小时的出舱活动之后，神舟十三号航天员圆满完成了出舱任务。对此，官方有很高的评价：“航天员翟志刚、航天员王亚平安全返回天和核心舱，这是中国航天史上首次有女航天员参加的出舱活动。”而且，“航天员出舱活动期间，天地间大力协同、舱内外密切配合，先后完成了机械臂悬挂装置与转接件安装、舱外典型动作测试等任务，全过程顺利圆满，进一步检验了我国新一代舱外航天服的功能性能，检验了航天员与机械臂协同工作的能力及出舱活动相关支持设备的可靠性与安全性。”[1]

神舟系列宇宙飞船是完全由中国自主研发的大国重器。1999 年 11 月 20 日，神舟一号顺利升空，这是中国载人航天工

1 中国载人航天工程网：《神舟十三号航天员乘组圆满完成首次出舱活动全部既定任务》，2021-11-08，http://www.cmse.gov.cn/xwzx/zhxw/202111/t20211108_49033.html.

程的第一次飞行试验。此后，“神舟”系列不断更新换代，航天工程的不断进步更是举世瞩目。2003 年 10 月 15 日，杨利伟乘坐神舟五号顺利升空，中国首次载人航天飞行成功。2021 年 10 月 16 日，翟志刚、王亚平、叶光富 3 名航天员乘坐神舟十三号顺利升空，它为中国打造空间站奠定了基础，中国载人航天工程也将进入空间站建造阶段。

“神舟”为何名为“神舟”？翻阅相关资料可知，原来在这一工程开始的时候，官方曾经公开征集过名字：“1993 年，当时的载人航天工程办公室向参加飞船研制的各单位发出了‘为中国飞船征集名称’的通知。很快，‘华夏’‘九州’‘腾龙’‘神舟’等众多带有中国特色的名称被推荐出来，送到载人航天办

中国科技馆展出的神舟一号飞船返回舱实物（黄西蒙 摄）

公室。”不久之后，“神舟”这个名字脱颖而出：“‘神舟’意为‘神奇的天河之舟’，又是‘神州’的谐音，象征着飞船研制得到了全国人民的支持，是四面八方、各行各业大协作的产物；同时，‘神舟’又有神气、神采飞扬之意，预示着整个中华民族都将为飞船的诞生而无比骄傲与自豪。”[1]

“神舟”的成功，极大地增强了国人的自豪感与自信心。其实，“神舟”也是我们不断认知与探索宇宙的象征，就像在浩渺宇宙长河中泛舟的小船，不畏艰难险阻，以强大的勇气与智慧驶向远方。

古往今来，无数先人有过这样的“泛舟之梦”。虽然古代的科技远远不及今日，但科学的发展就是要建立在前人的基础上，每一次看似微小的探索都可能是未来成果的基石。

人类从诞生到现在，在宇宙的时间尺度上不过短短一瞬间，但人类对宇宙的认识，则是一个漫长的过程。从朴素的直观感受到传说故事，再到自然科学上的研究，从古至今的宇宙观，也体现着文明的变化。探究中国古代的宇宙观，分析古人对宇宙的认识过程，也是相当有趣的。

| 古人对宇宙的认识 |

盘古开天辟地是中国最经典的关于宇宙诞生的传说。但实际上，盘古的故事出现的时间很晚，当司马迁在《史记》中明确记

1　央视网：《中国载人航天飞船为何命名“神舟”号？》，2008-09-23，http://news.cctv.com/china/20080923/106561.shtml.

载黄帝为文明始祖的时候，典籍中还不见盘古的踪影，此时公认的历史源头已有五帝，而三皇的故事则要在此后才进入历史叙述。三国时期的徐整在《三五历记》中终于把三皇和更早的盘古故事纳入典籍，其中有关盘古开天辟地的文字，是此后盘古故事与宇宙起源传说的“模板”，其经典性是毋庸置疑的：

“天地浑沌如鸡子，盘古生其中。万八千岁，天地开辟，阳清为天，阴浊为地。盘古在其中，一日九变，神于天，圣于地。天日高一丈，地日厚一丈，盘古日长一丈，如此万八千岁。天数极高，地数极深，盘古极长，后乃有三皇。数起于一，立于三，成于五，盛于七，处于九，故天去地九万里。”

这段文字虽然不长，却提供了两个极为关键的信息。首先，宇宙之处是一片混沌，像个鸡蛋一样，天地的界限不明显，而盘古也是诞生于混沌之中。宇宙在诞生之前是“无”的状态，而后有一个突然“诞生”的时刻，这在古人眼中就是盘古的诞生——在今天的科学中，这或许就是宇宙大爆炸的时刻。

还有一个关键信息，是说天地乃根据阴阳变化而逐渐形成，阳气慢慢到了天上，阴气逐步沉入地下，这就形成了最初的天地。这是一种朴素的自然观念，也是道家思想的体现，认为阳气是轻而清的，阴气是重而浊的，这才有了天地、上下之别，以及距离与方位的不同。

中国古代神话传说中的神灵，大多有超凡的法力与无穷的生

盘古画像

命力，但盘古是罕见的失去生命而且是为了天地万物自我牺牲的神，盘古的身躯化为世间万物，这种形象并不多见。在宋真宗时期，有一部大型道教类书《云笈七签》，其中关于宇宙起源的记载与之类似，却更加详细，也更加文学化与哲理化：

"混沌之先，太无空焉；混沌之始，太和寄焉。寂兮寥兮，无适无莫……元气先清，升上为天，元气后浊，降下为地，太无虚空之道已生焉。道既无生，自然之本，不可名宣，乃知自然者，道之父母，气之根本也。夫自然本一，大道本一，元气本一。一者，真正至元，纯阳一气，与太无合体，与大道同心，与自然同性，则可以无始无终，无形无象，清浊一体，混沌之未质，故莫可纪其穷极……首生盘古，垂死化身，气成风云，声为雷霆，左眼为日，右眼为月，四肢五体为四极五岳，血液为江河，筋脉为地里，肌肉为田土，发髭为星辰，皮毛为草木，齿骨为金石，精髓为珠玉，汗流为雨泽。”

在这里，《老子》中的“道生一，一生二，二生三，三生万物”的思想与盘古故事结合起来，盘古不仅是“真正至元，纯阳一气”的产物，盘古死后，也能化为日月星辰、山川湖海，其生命与宇宙万物融为一体。这是古人朴素的宇宙观与自然观：不把个体与自然割裂开，而且不论是神灵还是普通人，都是宇宙元气的产物，最终也会进入宇宙，回归自然。

在《封神演义》中，有关鸿蒙初开的故事，在开篇被简化为一段诗文：“混沌初分盘古先，太极两仪四象悬。子天丑地人寅出，避除兽患有巢贤。”此后，才逐渐引入殷商末年的故事。后世一些小说作者，在讲述主线故事之前，都会从宇宙起源、盘古开天辟地开始讲，将局部历史置于十分宏大的历史时间轴中，这似乎是古人思考历史的一种方式。

关于宇宙形象的认知，古代最经典的说法是“天圆地方”，一般认为这是取自《淮南子·天文训》中的记载：“天圆地方，道在中央。日为德，月为刑。月归而万物死，日至而万物生。”这是一种基于现实生活认知而产生的朴素观念。

这种朴素的宇宙观与道家、佛教思想结合后，就产生了更多关于宇宙图景更加细致的想象。在文学作品中，它最具代表性的呈现就是《西游记》中关于天地方位的“设计”：四大部洲、须弥山与海洋共同组成了庞大的宇宙。

《西游记》对鸿蒙初开、盘古故事之后的记录，在全书开篇就有出现：

“感盘古开辟，三皇治世，五帝定伦，世界之间，遂分为四大部洲：曰东胜神洲，曰西牛贺洲，曰南赡部洲，曰北俱芦洲。这部书单表东胜神洲。海外有一国土，名曰傲来国。国近大海，海中有一座山，唤为花果山。此山乃十洲之祖脉，三岛之来龙，自开清浊而立，鸿蒙判后而成。”

四大部洲最初来自古代佛教典籍《阿含经》，在《西游记》中，它成为故事宇宙观的重要载体。而书中关于天宫、西天的内容，则是道教与佛教思想的集中体现，这种混杂着不同神话体系的文学作品，其实对读者的吸引力更强，不同文化背景的读者都能从中找到思想的认同感，或者说，这符合多数人对宇宙万物的朴素认知，从而都能从中获取精神的共鸣。

从文学创作上看，这是一个巧妙的做法，但从读者层面上看，这实际上还是古人宇宙观的体现：承认宇宙图景的复杂性与多元性，接纳不同的宇宙观，而不是站在某个绝对的立场上来认识宇宙。这或许也是中国传统文化中包容性的体现，即便是多种教派的宇宙观混杂在一起，在文学作品中也不违和。

| 从“神州”到“神舟” |

“神舟”是“神州”的谐音，也象征着整个中国，在古代赤县神州就是中国的别称。《史记·孟子荀卿列传》中有记载：“中国名曰赤县神州，赤县神州内自有九州。”

而赤县神州这个说法，是古代哲学家邹衍提出的。天圆地方、中国位于世界的中央，是一种远古的朴素的世界观，远古先民也认为大禹九州的世界就已经是一个完整的“天下”了。但邹衍的看法有独特之处，他的世界观要更大。学者胡阿祥对此曾进行过一个比较复杂的计算：“按照邹衍的推法，大禹九州的每一州仅占天下的 1/729，这样的州太小了，所以‘不得为州数’，

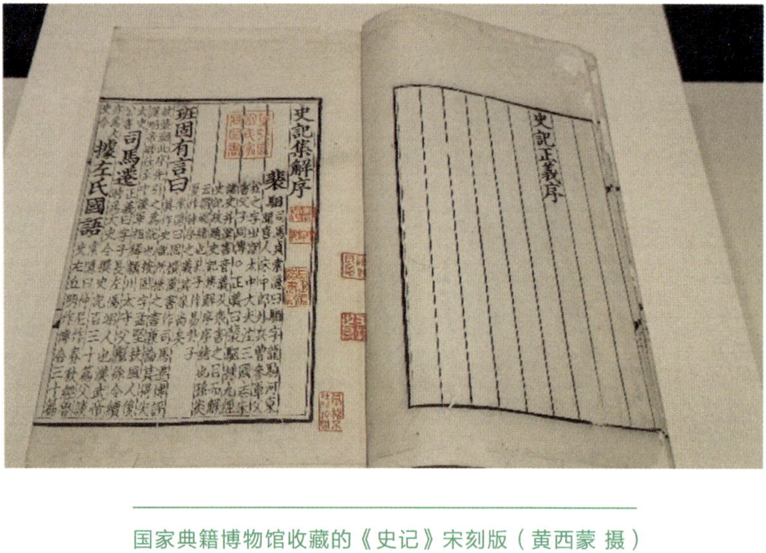

国家典籍博物馆收藏的《史记》宋刻版（黄西蒙 摄）

我们姑且称为小九州……按照邹衍的推法，天下、海内、中国的比例关系是：天下九倍于海内，海内九倍于中国，中国分为九州，也就是儒家所谓的大禹九州。”[1]

按照胡阿祥的推算，我们可以看到，在邹衍的赤县神州世界观里，中国并不是“天下”的全部，而在方位上，也不位于世界的中央。不过，在儒家正统的世界观里，邹衍的说法并不被认可。大禹九州、天朝上国的观念在中国古代还是主流的、根深蒂固的，这也影响了中国几千年来的政治与文化形态。

赤县神州的说法，在后世不断被简化为“神州”，并逐渐成为中国的别称，其认可度不亚于“华夏”。在不少古诗文中，我们都能看到“神州”的影子。

辛弃疾是一位极有抱负、胸怀天下的文人，在他的诗词中，“神州”是一个常见的意象。比如，名篇《南乡子·登京口北固亭有怀》有言：“何处望神州？满眼风光北固楼。千古兴亡多少事？悠悠。不尽长江滚滚流。年少万兜鍪，坐断东南战未休。天下英雄谁敌手？曹刘。生子当如孙仲谋。”其中的神州，就意味着“天下”，登楼远望，看到祖国的大好河山，更能激发一代词人的家国情怀。

辛弃疾在《贺新郎·同父见和再用韵答之》中亦有言：“问渠侬：神州毕竟，几番离合？汗血盐车无人顾，千里空收骏骨。正目断关河路绝。”在《水龙吟·甲辰岁寿韩南涧尚书》也提到

1 胡阿祥：《赤县神州：邹衍的海陆世界》，《唯实》2016年10期。

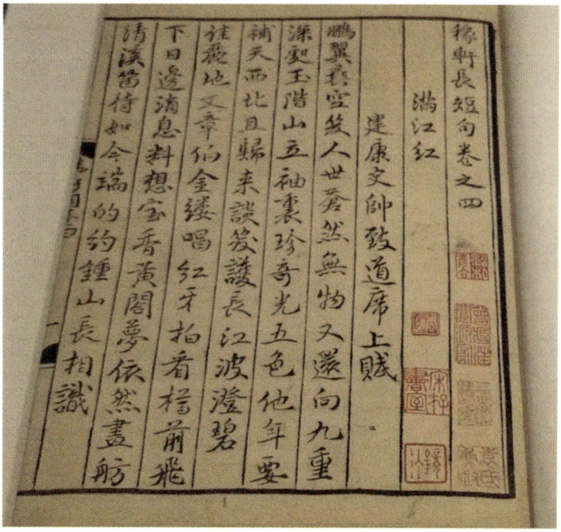
稼軒長短句卷之四
滿江紅
建康史帥致道席上賦
鵬翼垂空笑人世蒼然無物又還向九重
深處玉階山立袖裏珍奇光五色他年要
補天西北且歸來談笑護長江波澄碧
佳麗地文章伯金縷唱紅牙拍看檣前飛
下日邊消息料想寶香黃閣夢依然畫舫
清溪笛待如今端的約鍾山長相識

国家典籍博物馆收藏的辛弃疾《稼轩长短句》元刻本（黄西蒙 摄）

了“神州”：“渡江天马南来，几人真是经纶手。长安父老，新亭风景，可怜依旧。夷甫诸人，神州沉陆，几曾回首。”

在《水调歌头·送杨民瞻》中，辛弃疾慨叹道：“梦连环，歌弹铗，赋登楼。黄鸡白酒，君去村社一番秋。长剑倚天谁问，夷甫诸人堪笑，西北有神州。此事君自了，千古一扁舟。”在《贺新郎·用前韵送杜叔高》中，辛弃疾再提“神州”：“去天尺五君家别。看乘空、鱼龙惨淡，风云开合。起望衣冠神州路，白日销残战骨。叹夷甫、诸人清绝。夜半狂歌悲风起，听铮铮、阵马檐间铁。南共北，正分裂。”

值得注意的是，一些文人面对亡国之恨时，很喜欢用“神州陆沉”这个说法，它最早来自《世说新语》：“桓公入洛，过淮泗，践北境，与诸僚属登平乘楼，眺瞩中原，慨然曰：‘遂使神州陆沉，百年丘虚，王夷甫诸人不得不任其责！’”

后来，这一意象在文人诗词中多次出现，其中最经典的作品之一，就是郑思肖的《二砺》：

“愁里高歌梁父吟，犹如金玉戛商音。
十年勾践亡吴计，七日包胥哭楚心。
秋送新鸿哀破国，昼行饥虎齧空林。
胸中有誓深于海，肯使神州竟陆沉？”

其中提到了勾践卧薪尝胆的典故，也有申包胥的故事：其来秦国求援，为救楚国在秦国宫廷痛哭七天七夜。而对郑思肖来说，他的国恨则因为崖山海战，这一战标志着南宋灭亡，对当时的人来说，算得上是“神州陆沉”。

崖山海战是中国历史上一次十分震撼的战役，在元朝军队的逼迫下，南宋军民已经无路可退。这是元灭南宋的最后一战。《宋史》中关于这段历史的记录并不多，但从仅有的文字中，我们也能看出当时战争的壮烈场面：

“至午潮上，张弘范攻其南，南北受敌，兵士皆疲不能战。俄有一舟樯旗仆，诸舟之樯旗遂皆仆。世杰知事去，乃抽精兵入中军。诸军溃，翟国秀及团练使刘俊等解甲降。大军至中军，会暮，且风雨，昏雾四塞，咫尺不相辨。世杰乃与苏刘义断维，以十余舟夺港而去，陆秀夫走卫王舟，王舟大，且诸舟环结，度不得出走，乃负昺投海中，后宫及诸臣多从死者，七日，浮尸出于海十余万人。杨太后闻昺死，抚膺大恸曰：‘我忍死艰关至此者，正为赵氏一块肉尔，今无望矣！’遂赴海死，世杰葬之海滨，已而世杰亦自溺死。宋遂亡。”

在其中，“浮尸出于海十余万人”这一细节，说明当时有很多南宋军民宁死不屈，最终壮烈殉国，而陆秀夫则背着小皇帝沉入怒海。如果说北宋灭亡时是令人难以接受的靖康之耻，南宋的灭亡，则是令人无限慨叹的悲壮。

文天祥当时已经被俘，却誓死不投降，他用文字记录下当时的情景，其中诸多细节，在今天看来，依然有震撼人心的力量。这首以崖山海战为背景的诗作，名为《二月六日海上大战国事不济孤臣天祥坐北舟中》：

“长平一坑四十万，秦人欢欣赵人怨。
大风扬沙水不流，为楚者乐为汉愁。
兵家胜负常不一，纷纷干戈何时毕。
必有天吏将明威，不嗜杀人能一之。
我生之初尚无疚，我生之后遭阳九。
厥角稽首并二州，正气扫地山河羞。
身为大臣义当死，城下师盟愧牛耳。
间关归国洗日光，白麻重宣不敢当。
出师三年劳且苦，只尺长安不得睹。

非无虓虎士如林，一日不戈为人擒。
楼船千艘下天角，两雄相遭争奋搏。
古来何代无战争，未有锋蝟交沧溟。
游兵日来复日往，相持一月为鹬蚌。
南人志欲扶昆崙，北人气欲黄河吞。
一朝天昏风雨恶，炮火雷飞箭星落。
谁雌谁雄顷刻分，流尸漂血洋水浑。
昨朝南船满崖海，今朝只有北船在。
昨夜两边桴鼓鸣，今朝船船鼾睡声。
北兵去家八千里，椎牛酾酒人人喜。
惟有孤臣雨泪垂，冥冥不敢向人啼。
六龙杳霭知何处，大海茫茫隔烟雾。
我欲借剑斩佞臣，黄金横带为何人。”

南宋灭亡后，很多文人墨客都以崖山海战作为寄托家国情怀的典故。郑思肖是宋元之交的人，他在宋亡之后，长期处于隐逸状态，但他内心的苦恨并未消除。他把一生的悲愤与思考都写在了纸上，最后汇总为一本名为《心史》的书。因为当时元朝的统治如日中天，他只能将这本书藏在一个铁盒子里，并深埋在苏州承天寺院内的井里。直到几百年后，到了明朝崇祯年间时，恰巧又是一个江河沉沦的特殊时期，这本《心史》才被人从井中发现，重见天日。人们这才看到，在密封的铁盒上，写有“大宋孤臣郑思肖百拜封”几个字。对郑思肖来说，他眼中的神州，是无法告别的家国，是灵魂最终的居所。

“神州”这一文化意象的背后，是无数饱含家国情怀的仁人志士的精神写照。后世品读这些诗作，也能从中获得精神力量。

丨“泛舟之梦”与“飞天之梦”丨

“神州”一词不仅寄托了古人的世界观，还是历代文人家国情怀的象征。有如此丰富的文化内涵，科研人员在命名中国的宇宙飞船时参考“神州”的谐音“神舟”一名，也就不令人意外了。

1800—1820 年纸本水彩画“龙船”

而“舟”的意象，则有海上之船与空中之舟两重内涵。在其中，古人的“泛舟之梦”与“飞天之梦”叠加在一起，让人获得探索未知世界的无畏勇气，还有走向辽阔天空的无限想象力。

在航海技术十分落后的远古时代，古人从大陆到海岛，或者从一个岛到另一个岛，都需要借助交通工具。早在公元前6000年前后，当时的南岛人就能乘坐独木舟在海上迁徙，后来便出现了原始的帆船。尽管这些工具在今天看来毫无安全保障可言，稍不注意就会在风浪中沉入大海，但对古人来说，这是他们去往远方的唯一方式。

有资料显示：“公元前2000年起，南岛人再次掀起了航海技术大革新的浪潮。为了能够远航至菲律宾、马来西亚南部、印度尼西亚和澳大利亚，他们开始使用配有平衡杆的双体独木舟，这种双体独木舟能容纳60人，同时还可承载大量动植物。”[1]来自东南亚的古人，甚至靠这些简陋的工具，逐步迁徙到澳洲与太平洋的各个小岛上。南岛人的独木舟，顺着洋流可以前往很遥远的地方，有研究者曾指出：“有些南岛语系部族单体独木舟的制造技术非常高超，如美拉尼西亚岛的伊利安加西部的男人可以利用独木舟往返300里进行交易。”[2]

当然，这些海上迁徙的过程，注定是充满艰辛与危险的。历

---

1 澎湃新闻：《人类最初的海上之旅》，2020-06-07，https://www.thepaper.cn/newsDetail_forward_7700548.

2 黄亚琪：《太平洋上的航海者——南岛语族岩画中的“船”形研究》，《东南文化》2016年第6期。

史文献中没有记录那些英雄的事迹，但不难想象，其中有太多失败的尝试与功败垂成的努力，甚至伴随着大量的死亡与失踪。但是，考古与分子人类学都证明了，在太平洋的诸多孤岛上，的确有远古先民从远方成功乘舟而来，这不禁让人感叹古人的勇气与毅力。

与海洋上的“泛舟之梦”相比，“飞天之梦”更像是一个美妙的想象。在现代航天航空技术诞生之前，它只存在于古人的脑海与艺术作品中，中国有关“飞天”的大量形象，被封存在敦煌莫高窟中。那里的飞天壁画，能让我们感受到古代文化的魅力。

敦煌飞天壁画的传奇魅力，从它重见天日开始，就一直吸引着全世界的目光。在敦煌莫高窟中珍藏的这些珍宝，既是丝绸之路文化的精髓，也蕴藏着古人对“飞天”状态的神往。

“飞天”并不是一个纯粹的中国文化概念，敦煌飞天的形象，其实是古代中原文化、丝路文化与印度文化特征的结合，体现出浓郁的多元文明色彩。古代道家思想中“羽化登仙”与佛教中“天人”的形象再次融合。从十六国时期到元代都存在“飞天”元素，而不同时期的“飞天”形象却各有差异。

最早的北凉时期的“飞天”形象，并没有后来的轻盈感，壁画的线条看起来也比较粗糙；北魏时期的“飞天”则增加了裙摆的飘逸感，已经出现了衣服的褶皱细节。隋唐时期，“飞天”艺术达到巅峰状态，大量“飞天”群像出现，仙气飘飘、灵动美妙的形象大量出现。尤其是唐代文化雍容华贵而大气开放，“飞天”形象也色彩斑斓、极具灵韵。从五代到宋代，再到元代，“飞天”

艺术风格趋于保守与内敛，这与宋人“内倾型”审美风格有关。

有趣的是，敦煌飞天里的形象，并没有外国神话中飞行者常见的翅膀，却仍能在视觉上给人以飞行的感觉，这归功于“飞天”借助朵朵祥云、飘逸的裙装、复杂的褶皱等背景元素所营造的氛围。这种“飞行”的产生，更像是来自人物本身的“气韵”，而不是借助外力——通过提升内心的能量，来实现对外界环境的超越，也是中国传统文化中常见的思维方式。

在现实中，还真的有人尝试过“飞天”，这在中国古代是非常罕见的事情。其中有一个“万户飞天”的故事知名度很高，但此事并无古籍记载，学术界对其历史真实性仍然存疑。但不论其真实与否，这个故事都已经进入了我们的民族记忆，并将激励更多后人去学习万户探索未知世界的精神。

目前在古籍中可以找到的关于“飞天”的记录，只有两次，一次发生在王莽时期，另一次发生在北齐高洋时期。据《汉书》记载，王莽在征伐匈奴时，曾经招募各种奇人，一些隐藏在民间的“异能者”也纷纷浮出水面，其中就有一个号称会飞的人。史书上说：“或言能飞，一日千里，可窥匈奴。莽辄试之，取大鸟翮为两翼，头与身皆著毛，通引环纽，飞数百步堕。”虽然创意很好，但即便在人身上绑上鸟的羽毛，也不可能让人真的飞起来。虽然这个人的飞行试验失败了，但他是史书上记载的中国第一个尝试飞行的人，也算是无畏的先行者了。

另一个“飞天”的事件，发生在北齐高洋时期。据《资治通鉴》记载，北齐的皇帝高洋十分残暴，曾经处死了很多人，还用

酷刑折磨他们，但北魏有个叫元黄头的人，一度幸免于难。当时，高洋迫使他从高台乘风筝跳下，却不料元黄头真的做到了顺风飞行，“搭乘”风筝飞向空中，然后慢慢降落在安全的地方。

《资治通鉴》中有这样的文字：

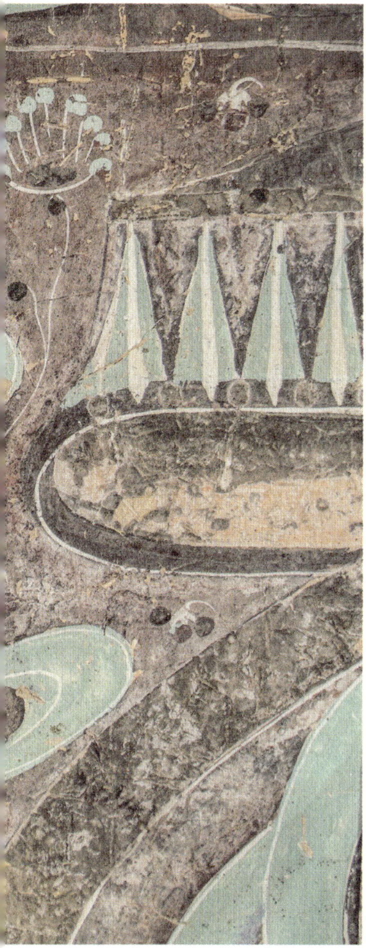

敦煌壁画

“元黄头，北魏皇族，为高洋所杀。齐显祖将如晋阳，乃尽诛诸元，或祖父为王，或身尝贵显，皆斩于东市，其婴儿投于空中，承之以。前后死者凡七百二十一人，悉弃尸漳水，剖鱼者往往得人爪甲，邺下为之久不食鱼。使元黄头与诸囚自金凤台各乘纸鸱以飞，黄头独能至紫陌乃堕，仍付御史中丞毕义云饿杀之。”

元黄头最后还是被杀掉了，但他的名字留在了史书上，并为后世的文学创作增加了不少神秘元素。比如，后世的历史演义小说《北史演义》对这段故事有了更细节的叙述：

“又登金凤台，使元黄头，与诸囚各乘纸鸱以飞，能飞者免死。独黄头飞至紫陌乃坠，仍付御史狱，饿杀之。”

在古代，“飞天”基本上只是艺术创作；在现实中，人类想飞向天空、探索宇宙，就必须借助科学的力量。但是，正是这些非凡的想象力与创造力，才激励着一代代人去探索未知的远方，就像远古先民面对一望无际的海洋，产生远航的冲动，我们在今天对于茫茫无际的宇宙，同样拥有无畏的勇气。

第六章

“张衡”电磁监测试验卫星：探究科学真理的坚定步伐

2018年2月2日15时51分，电磁监测试验卫星“张衡一号”顺利升空。时任中国地震局局长郑国光表示：“‘张衡一号’是我国全新研制的科学试验卫星，主要用于地球物理场探测和研究。通过监测全球空间电磁场、电离层等离子体、高能粒子沉降等物理现象，为地震机理研究、空间环境监测和地球系统科学研究提供新的技术手段，为研究地震电磁电离层信息特征及机理提供新的途径，是我国构建天空地一体化地震立体监测体系的重要里程碑。”[1]

官方对于“张衡”这个名字的由来有权威解释：“以‘张衡一号’命名电磁监测试验卫星，主要是为纪念中国古代科技代表人物张衡在地震观测方面的杰出贡献，传承以张衡为代表的中国

1　新华网：《我国首颗电磁监测试验卫星发射成功——揭秘“张衡一号”》，2018-02-03，http://www.xinhuanet.com/politics/2018-02/03/c_1122362050.htm.

古代科学家群体崇尚科学、追求真理的精神内质。”[1]

| 张衡与地动仪 |

在科学史与文学史上，张衡都留下了名字，如此出色的文理全才，在历史上并不多见。张衡生于公元 78 年，卒于 139 年，这正好是东汉从巅峰走向衰落的时期。在张衡所处的时代，东汉朝廷一度还能在光武中兴的底子上“吃老本”，但最终还是在各种天灾人祸之下，逐渐走向了衰亡。其中，宦官专政、地震频发，都在消耗着这个庞大帝国的力量。

张衡的老家就是今天的河南南阳，他的家庭在当时是个世家

1955 年发行的张衡主题的邮票

1　国家航天局网站：《“张衡一号”卫星成功发射》，2018-02-02，http://www.cnsa.gov.cn/n6758823/n6758838/c6799760/content.html.

大族。《后汉书》曾这样说张衡的早年经历：

“祖父堪，蜀郡太守。衡少善属文，游于三辅，因入京师，观太学，遂通《五经》，贯六艺。虽才高于世，而无骄尚之情。常从容淡静，不好交接俗人。永元中，举孝廉不行，连辟公府不就。时天下承平日久，自王侯以下，莫不逾侈。衡乃拟班固《两都》，作《二京赋》，因以讽谏。精思傅会，十年乃成。”

张衡的祖父张堪曾经做过蜀郡太守，虽是官宦人家，但张衡没有任何世家子弟的纨绔，反而品行十分高洁，读书也非常刻苦。年轻的时候，张衡曾被推举为孝廉，但他没有应召。后来他多次被推荐做官，但还是没有应召，而是潜心读书，钻研学问。

直到三十七岁，张衡才担任了太史令，在这个位置上干了14年，其间发明了浑天仪与地动仪。《后汉书》上说“衡善机巧，尤致思于天文、阴阳、历算”，张衡十分喜欢钻研天文历法，而且他身为“东汉国家天文台台长”，也有进行科研工作的条件。但在当时的官场同僚看来，张衡简直是个书呆子，对升迁毫无兴趣，竟然一直在这个位置上“坐冷板凳”。史书上说“衡不慕当世，所居之官，辄积年不徙”，就是对张衡不慕权力与名利精神的真实写照。

张衡最知名的科学成就之一是发明了候风地动仪，能够测验地震发生的方位，这在古代已经是了不起的成就。中国是一个地震高发的国家，古代关于地震的记载，距今越近就越多，也越清。震级较大的地震，在古人眼中近乎世界末日一般。比如，有一场发生在明朝嘉靖三十四年冬天的地震，至少造成 83 万人死亡，是人类历史上有记载死亡人数最多的地震，史称“华县大地震”。《明世宗实录》对此有十分清晰的记载，即便在今天读来，这些场景也十分可怕：

“壬寅，是日山西、陕西、河南同时地震，声如雷，鸡犬鸣吠，陕西渭南、华州、朝邑、三原等处、山西蒲州等处尤甚。或地裂泉涌中有鱼物，或城郭房屋陷入池中，或平地突成山阜，或一日连震数次。河渭大泛，华岳、终南山鸣，河清数日。压死官吏军民奏报有名者八十三万有奇。时致仕南京兵部尚书韩邦奇、南京光禄寺卿马理、南京国子监祭酒王维祯同日死焉。其不知名未经奏报者，复不可数计……”

明代文人宗臣在诗中说：“地颤山愁千万里，奇峰片片下沉水，黄河直上峰头座，忽散人家室屋里。往往屋上游赤鲤，千门万户半作鬼，广厦高宫尽成土，白日不闻父老哭。”大地震带来的人间惨剧，不只是地震瞬间的死亡，还有灾后的饥荒、瘟疫。在生产力与救灾能力低下的古代，地震后的灾情对老百姓的摧残更大。

与明朝后期相似，东汉时期也是地震频发。因此，能够及时了解地震的方位，并及时开展救灾工作，就能尽量减轻老百姓的痛苦。但是，在迷信思想很严重的当时，研究地动仪并不被人看好，但张衡没有被外界因素所干扰，经过一番艰苦探索，候风地动仪终于诞生了。

《后汉书》对此有比较详细的记载：

“阳嘉元年，复造候风地动仪，以精铜铸成。员径八尺，合盖隆起，形似酒樽，饰以篆文山龟鸟兽之形。中有都柱，傍行八道，施关发机。外有八龙，首衔铜丸，下有蟾蜍，张口承之。其牙机巧制，皆隐在尊中，覆盖周密无际。如有地动，尊则振，龙机发，吐丸而蟾蜍衔之，振声激扬，伺者因此觉知。虽一龙发机，而七首不动，寻其方面，乃知震之所在。验之以事，合契若神。自书典所记，未之有也。尝一龙机发而地不觉动，京师学者咸怪其无征，后数日驿至，果地震陇西，于是皆服其妙。自此以后，乃令史官记地动所从方起。”

这段文字记载了地动仪的形状，但它为何能测出地震的方向，文献中没有给出答案。如此精密的仪器，其运行原理应当是非常清晰的。可惜的是，史书上关于地动仪的记录太注重审美层面的观察了，却没说清楚其技术原理，而关于张衡发明地动仪的史料，也只有这只言片语。如今我们熟悉的候风地动仪的模型，最初是由考古学家王振铎在 1951 年设计的。后来经过多位科研工作者的研究，地动仪监测地震的方法也越来越清晰，虽然说法不一，但地动仪的科学价值是毋庸置疑的。

中国科技馆展示的张衡候风地动仪复原模型（悬垂摆式）（黄西蒙 摄）

谶纬与反谶纬的思想

张衡能够在科学上取得成就，除了他本身的智慧与勤奋，还有推崇科学、反对迷信的思想因素。在谶纬之风盛行的汉代，一些人利用谶纬来搞权力斗争，这让张衡深感厌恶与厌倦。张衡对奢华的宫廷生活不感兴趣，一直坚持简朴低调的生活。而对于政治，他一向主张温和改良，这跟那些动辄要改朝换代的东汉末年的枭雄有本质区别。但他也不愿与朝廷里的奸佞小人同流合污，便产生了一些隐逸的状态。

从哲学观念上看，张衡在晚年道家思想更重，时常有玄奥之思。而且他所从事的太史令的工作，也让他在权力斗争激烈的官场上拥有一个较为“专业”的工作领域，可以尽量不卷入政治的旋涡中。对此，学者许结在《张衡评传》中这样评价：“长期从事科学研究，是张衡赖以自全身心的重要保证，也是其明哲修养的一大源泉。”[1]

而说到谶纬的问题，在两汉之交的时候，谶纬之说在历史走向变化时产生了吊诡的作用。根据后世《四库全书总目提要》的定义，“谶者诡为隐语，预决吉凶”“纬者经之支流，衍及旁义”，但张衡在《请禁绝图谶疏》中明确反对谶纬这类“预言”，更不认同将谶纬跟政治绑在一起。

曾经有研究者指出：“张衡似乎特别强调了图谶之学与经典

---

1 许结：《张衡评传》，南京大学出版社 2011 年版，第 150 页。

之间的违逆不合之处，以达到剥离图谶与圣人、经典之间关系之目的。至于八十一篇不言王莽之篡，不言永建复统，尤可见其不能经天验道而寡于世用。这种区分经、谶以及重术、重实用的态度，和张衡数术家的身份密切相关。”[1] 或者我们可以这样说，由于张衡长期从事科学研究，他更看重理论的实践性与可验证性，而谶纬这种无法被证实且容易被各种权力改写和利用的东西，很难被张衡看在眼里。重视科学与实践的精神，让张衡热爱的东

中国科技馆展示的浑仪（黄西蒙 摄）

1 曹建国：《张衡反谶思想析论——兼论谶纬研究中的泛化问题》，《哲学研究》2019 年第 8 期。

西，在其身后千百年内仍有价值。

| 汉赋大家的文学情思 |

张衡被称为“汉赋四大家”之一，其文学造诣同样很深。张衡最有名的作品之一就是《二京赋》。

《西京赋》对天子驾临的奢华场面有十分丰富的描写：

“乌获扛鼎，都卢寻橦。冲狭燕濯，胸突铦锋。跳丸剑之挥霍，走索上而相逢。华岳峨峨，冈峦参差。神木灵草，朱实离离。总会仙倡，戏豹舞罴。白虎鼓瑟，苍龙吹篪。女娥坐而长歌，声清畅而蜲蛇。洪涯立而指麾，被毛羽之襳𧜗。”

《东京赋》写天子活动的大场面，更是用尽了华丽的辞藻，这段文字就像一块雕琢精美的玉石，十分耀眼地镶嵌在文学宫殿的牌匾上：

“具惟帝臣，献琛执贽。当觐乎殿下者，盖数万以二。尔乃九宾重，胪人列，崇牙张，镛鼓设。郎将司阶，虎戟交铩。龙辂充庭，云旗拂霓。”

隐逸与逍遥的精神，在张衡的文学作品中也存在。比如，这篇著名的《归田赋》中有这样经典的感悟：

“于时曜灵俄景，继以望舒。极般游之至乐，虽日夕而忘劬。感老氏之遗诫，将回驾乎蓬庐。弹五弦之妙指，咏周、孔之图书。挥翰墨以奋藻，陈三皇之轨模。苟纵心于物外，安知荣辱之所如？”

张衡还在《思玄赋》的结尾处说：

“天长地久岁不留，俟河之清只怀忧。愿得远度以自娱，上下无常穷六区。超逾腾跃绝世俗，飘颻神举逞所欲。”

张衡是古代罕见的文理全才，他的科学精神与审美趣味都影响着后世。张衡是一个典型的古代知识分子，他热爱学问且不愿在权力场上趋炎附势，最终留下了诸多文化瑰宝，其精神对今人仍有启示。

第七章

“风云”气象卫星：历史长河的风起云涌

从 1977 年开始，中国就踏上了研制风云气象卫星的道路。此后，中国的气象卫星探索之路取得了大量成果。据相关资料记载：“风云气象卫星在防灾减灾、应对气候变化和空间环境监测预报等方面都得到广泛应用，取得了显著成绩……2021 年 6 月 3 日，中国风云四号 B 星成功发射。B 星是我国新一代静止轨道气象卫星风云四号系列卫星的首发业务星。它的成功发射，标志着我国新一代静止轨道卫星观测系统正式进入业务化发展阶段，对确保我国静止气象卫星升级换代和连续、可靠、稳定业务运行意义重大。”[1]

“风云”这个名字，从表面上看，是天气和气候的变化，而“风云”一词在传统文化中，也有天下形势变化的象征内涵。一

1　中国气象局网站：《风云四号 B 星成功发射》，2021-06-03，http://www.cma.gov.cn/2011xwzx/2011xqxxw/2011xqxyw/202106/t20210603_577999.html.

说起“风云”，我们就会想到龙争虎斗、风起云涌的画面，而中国漫长的历史长河上，有数不清的风云人物与事件。那些引领时代风潮的人，有的成为“弄潮儿”，进而留名青史，也有的成为时代的牺牲品，沦为被拍打在风云浪潮之下的角色。但无论如何，这些故事构成了我们的历史记忆，能让我们从一个更加宏观的时间维度来看待中国历史，颇有“畅谈风云”的意味。

| 历史的宏观尺度——以千年为单位 |

千年前的古人在做什么？当时的世界是怎样的？如果以 2021 年来算，1000 年前，也就是 1021 年，正值北宋天禧五年。北宋第三位皇帝宋真宗赵恒在龙椅上稳稳坐了二十多年，经过即位初期的“咸平之治”，大宋的社会经济全面复苏，黎民百姓人心思定。在此前不久的 1005 年，宋、辽两国之间的澶渊之盟，以“宋每年送给辽岁币银 10 万两、绢 20 万匹”等为条件，维持了两国间百年的和平。

1021 年，国家的经济繁荣程度已远超前代，但统一天下的夙愿终究是读书人心头的梦想。与此同时，宋朝多地遭遇饥荒，史料记载，“京东、京西、河北、陕西、淮南、江、浙等地受灾，州军发放榷务酒糟救济贫民……”用北宋名相富弼的话说，这段岁月里，“真宗承两朝太平之基，谨守成宪……安然奉行，不思革。至使民力殚竭，国用乏匮，吏员冗而率未得人，政道缺而将及于乱”。

类似的问题也出现在大宋周边的国家身上，好像人们都陷入了一种对未来的迷思，以至于大多数人习惯了这样的世界：异国政权的分裂，以及小国之间的争斗长年不休。在宋朝西北方，党项族的势力正在壮大，他们的首领李德明继承了其父李继迁的野心，正在为党项进一步争夺生存资源而卧薪尝胆。或许他已经预见到，不久后，他那位雄心勃勃、雄才大略的儿子李元昊，将在未来创建属于党项的强大国家。

不过，周边势力一直都在提防正在崛起的党项人，尽管他们未必能预料到，在十几年后，一个名为“大白高国”的政权将会出现——它在史书上被称为西夏，是曾与辽、宋并存的强大国家。

与李元昊过招过的强人很多，但能击败他的势力并不多，唃厮啰算一个。唃厮啰既是政权的名字，也是其创始人的名字。唃厮啰本名欺南凌温，在 1021 年他只有二十四岁，却拥有数十万部族，足以在今天的甘肃、青海交界一带聚拢起自己的军事力量。

在党项势力的西面河西走廊地带，甘州回鹘和归义军正处割据之势。甘州回鹘曾经服从于归义军的势力下，后来成为独立的政权，但 1021 年的甘州回鹘已逐渐步入黄昏，其君主怀甯顺化可汗无法挽救国家的颓势，十几年后，甘州回鹘被正处巅峰状态的李元昊的大军所灭。

李元昊灭掉的不只是甘州回鹘，还有位于它西面的归义军。归义军不是一个军队的名字，而是一个独立的政权，也是一个神奇的存在。从 851 年到 1036 年，归义军扼住河西走廊的咽喉地带长达近两百年。但是，它始终没盼来中原王朝的胜利王师，丢

河西走廊风光

掉了河西走廊的中原王朝已经没有捶打周边势力的能力了。

在曾经的西域都护府的地带，高昌回鹘和喀喇汗国分庭抗礼。在两国南部的青藏高原上，仍然没有一个统一的政权，自吐蕃政权瓦解后，这一大片地带就处于权力真空的状态。当时在今天的印度一带，分布着许多大小不一的国家，其中昌德拉斯、帕拉瓦拉、后遮娄其、朱罗是较大的几个。

不仅宋朝的读书人对它们缺乏了解，深居宫廷的宋真宗也看不到遥远的南方诸国与自己有什么关联。但在今天云南一带的大理国，始终没有忘记图取中原的梦想，尽管这个目标很难实现，但对东南亚的一些小国来说，大理国还是一个需要仰望的强大政权。另一个让它们畏惧的国家是吴哥，它包括今天老挝和柬埔寨的全部领土和泰国的部分领土，同位于更南方的三佛齐一样，是当时东南亚最强大的王朝之一。

对当时的人来说，1021 年的天下局势波澜不惊，似乎是一个十分普通的年份，但其中酝酿着历史走向的不同可能，且让人无从把握。对北宋的读书人来说，21 年也是“遥远的古代”，尽管当时的人没有西历线性的时间观，但对旧事的隔膜感也和后来的人一样强烈。

21 年，正值新朝地皇二年，王莽创建的新政权已经维持了超过 10 年的统治。王莽急风暴雨式的改制一度让天下人为之振奋，但却很快品尝到了现实的苦涩，不合时宜的施政措施正在逐渐遭到百姓的抛弃。南方发生的饥荒导致大量流民进入山林，王匡、王凤兄弟被走投无路的流民推举为首领，占据了湖北的绿林山，率领数百人开始了绿林军起义。不久之后，王莽的新朝政权将会崩溃，但当时的人恐怕想不到，自己所处的历史阶段是两汉之际的特殊时期。

这样的情况同样存在于更早的历史中。再往前追溯 1000 年，至前 979 年，按照不同古籍和版本的纪年推算，当时可能是在西周穆王时期。那是一个距离今天无比遥远的岁月，中原王朝控制的地区十分有限，在面对强大的邻邦时也没有必胜的把握。这一时期的历史记载比较模糊，很多历史事件就也难以被精确到具体的时间了。

在穆王之前的昭王，曾经多次征伐南方的楚地，史书记载他率领军队“伐楚，涉汉，遇大兕”。或许，对当时的人来说，遇到大犀牛是值得大书特书的事情，但相比此后几次伐楚，昭王这次还算是顺利和幸运的。到了昭王二十四年，便发生了我们前面讲过的“昭王南征不归”的故事，在这场颇具传奇色彩的战役后，昭王和大量军队被溺死在水里，成了周朝历史上难言的往事。而经过漫长岁月的遮掩，其中细节也不可考了。

后人看待夏、商、周的历史，或许会惊叹其各代国祚的漫长，当时人均寿命短暂，对个体生命来说，每朝恐怕都是一个几乎看不到终点的存在。其实，活在上古时期的普通人未必拥有所谓“历史意识”，也不会像后人那样动辄就谈“王侯将相宁有种乎”，同样不会把王朝国祚和所谓天命看得那么重。后人把本时代的价值观念附在对上古历史的理解里，或许是对真实历史的误解。

正因如此，生活在前 979 年的古人如何看待更早的 1000 年前的历史，就更难被想象了。在当时信息发布和传播能力匮乏的时代，千年对普通人来说，实在是一个太遥远、太宏大的概念。前 1979 年是夏朝初年，我们并不清楚当时的历史细节，但这不等于夏朝初年的老百姓就感受不到岁月的变化。时间的流速并没有变，变的是人们对时间的感知，以及对历史的理解。

再往前推 1000 年，就是前 2979 年。对中国历史来说，这样的年份并没有精准指向的意义，具体的历史早已不可考。并不是文明没有诞生，而是文明留下的遗迹太少，让后人只能用所谓“史前”的概念泛泛而论。在这段时间里，古埃及王朝刚诞生不久，正值早王朝时期的第一王朝阶段，位于两河流域的苏美尔早王朝还未诞生，但已经出现了文明的曙光。

屈原在《天问》里曾慨叹：“遂古之初，谁传道之？上下未形，何由考之？”后人对千年前历史的想象，就像屈原对世界开辟之初的好奇一样。经过时光的淘洗，大量史实会变成传说，有些历史的真相可能永远无法被获知，但后人遥想的古代文明的思考方式和留下的只言片语，也会成为此后的人们理解当下时代的史实。当思考历史时以千年为单位时，我们更能感受到时代风云带来的变化。

| 风云气象变化的观察样本：古人消夏的“重”与“轻”|

“赤日炎炎似火烧，野田禾稻半枯焦。农夫心内如汤煮，公子王孙把摇。”这首明白晓畅的诗，出自《水浒传》里那位白日

《水浒传》清刻本中智取生辰纲的内容（黄西蒙 摄）

鼠白胜之口。在黄泥冈上，白胜假扮挑酒桶的汉子，在吟唱这首诗的同时，引出了经典的智取生辰纲的故事。从水准上看，这只算是打油诗，但因其通俗，在田间地头耕作的农夫也能吟唱。耐人寻味的是，同样是面对酷暑，富家翁和王孙公子是品玩享受夏日的惬意，或许还会吟唱几句曼妙的辞章，但更多老百姓却是苦不堪言。

对酷暑的不同态度，不仅取决于自身生存状态，也与“到底有多热”有关。翻开史卷，相比洪灾、地震、蝗灾、冻灾等杀伤力更大的自然灾害，天气酷热实在算不上什么大事。或许是见惯了天相异变，古人面对酷暑，早已司空见惯了，况且若没有强悍的心理素质，估计也熬不过历代灾变。但因为天气酷热致人死亡的相关记录，在史籍中仍零星存在。

清乾隆时记载山西浮山："夏五月大热，道路行人多有毙者，京师更甚，浮人在京贸易者亦有热毙者。"而在山东高青，同时有"大旱千里，室内器具俱热，风炙树木向西南辄多死。六月间，自天津南武定府逃走者多，路人多热死"的记录。

但用常识也能判断，距离今天越近的历史，其脉络细节越清晰。很多饿殍千里的陈旧往事，因为距离当下太过遥远，其痛感和恐怖感已接近消弭。对酷暑的体验亦是如此。当远古部落首领带领残存的家族成员，从龟裂的田间迁徙到水草丰美的山涧河畔，从个体上看，这是断尾求生，从历史脉络上看，更是生命之火的代代传递。

追溯往昔，从最早记录下当时社会生活的文字开始，酷暑就不是一个令人舒适的体验。甲骨文中有关祭祀祈雨的记录有很多，风雨雷电能让不懂自然规律的古人惊愕恐惧，也能带来雨后的滋润万物生长。

不论是绵绵细雨，还是狂风暴雨，上天赐予的甘霖，都被殷商先民看作鬼神之力。安阳出土的"小屯南地甲骨"中有不少关于降雨的记录，比如"辛丑卜，今日雨，至壬雨"（辛丑日占卜了，今天会下雨吗？到了壬日会下雨吗？）强烈企盼之意，由此可见一斑。

甲骨文里常见的"雨"字，基本结构就是一个倒写的"山"字作为上半部分，下半部分有几道形象的线条，但有的出土文献里显示，根据线条多少和长短不同，也对应着雨量的大小。比如，中国社科院历史研究所编著的《甲骨文合集》中收录的编号

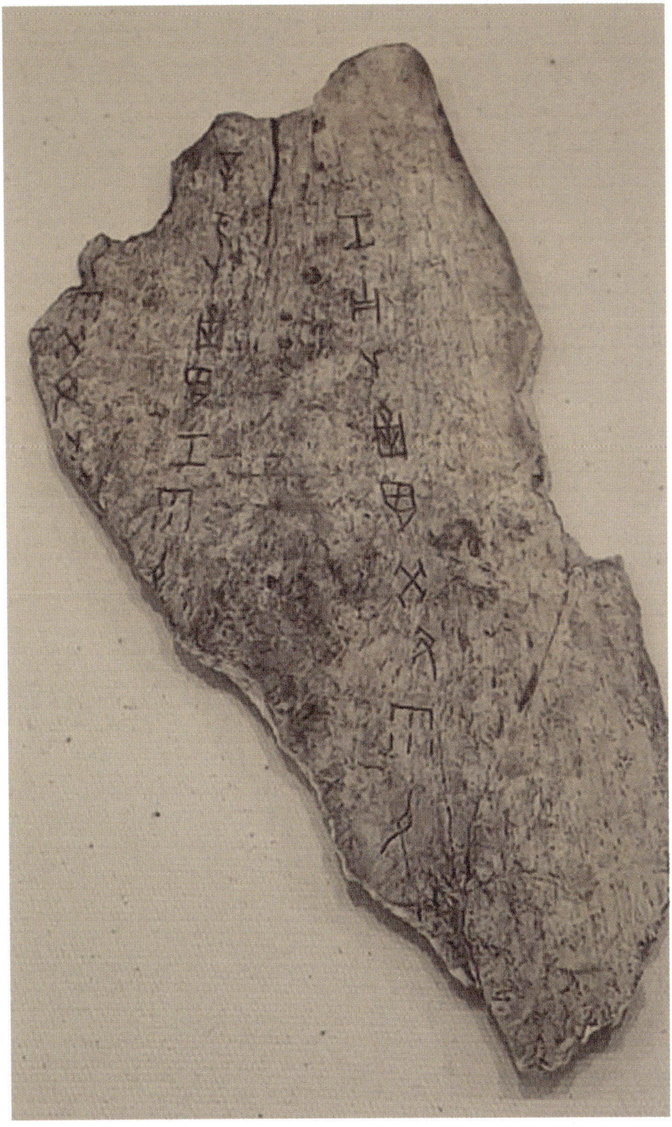

国家典籍博物馆收藏的商朝武丁时期气象主题的甲骨文（黄西蒙 摄）

37647，以及《英国所藏甲骨集》编号2588条等“雨”字就是常见形态的变体。此时古人对雨量的观测或许无法保证精确，但在文字上已有程度的区分，这自然是个不小的进步。

历史并非在田园牧歌中前行，将古人的生活和思想纳入桃花源式的幻想，并无助于理解历史的本质。如果说甲骨文时代，对炎炎夏日带来的不适感还无可奈何，那么到了后世，随着技术进步和观念变化，更多史料能让后人清晰地感知到：热浪袭来的灾难性后果。

灾难性的酷热往往伴随着骇人的旱灾和饥荒。《吕氏春秋》中有记载“昔者汤克夏而正天下，天大旱，五年不收”，《汉书·食货志》也有佐证：“汤有七年之旱。”今人推测商汤在位时间为17年，而商汤灭夏后享国不过12年。在开国后统治的一半时间里，天下罕见的旱灾折磨着这位开国君王的神经，但这点在后世史书中并未得到重视。

这是为何？汤武革命成为以新代旧的典型后，商汤的圣贤形象自然要从其灭掉夏桀、安抚万民上着眼，而在“天人感应”的旧观念中，自然灾害自然也是上天对君王失德的惩戒。商汤作为一代圣君，自然是不该有天下大旱这样的灾荒出现，即使出现了，史书上也是轻描淡写，不可大肆扩张。当然，如果这是个失德的君王，恐怕就会将其恶行和灾荒联系起来。

西汉平帝元始二年，天下酷热旷日持久，最终造成大旱。《汉书·平帝纪》记录了当时的惨状：

“郡国大旱，蝗，青州尤甚，民流亡。安汉公、四辅、三公、卿大夫、吏民为百姓困乏献其田宅者二百三十人，以口赋贫民。遣使者捕蝗，民捕蝗诣吏，以石、斗受钱。天下民赀不满二万及被灾之郡不满十万，勿租税。民疾疫者，舍空邸第，为置医药。”

然而，朝代更迭之际的灾荒往往更恐怖。古人所言“乱世人不如太平犬”，便是讲乱世中社会秩序和伦理彻底被冲垮后的现象。但是，如果酷热尚能忍耐，或者不妨碍粮食生产、百姓日常生活，炎炎夏日反而成了文人墨客或吟唱、或调侃、或遐想的话题。人们总会从自身去揣测一轮烈日下的众生之相，后世观之，有些贴切动人，有些则不免引人哑然失笑。

文人对避开酷热有个文雅的说法，就是今人常用的“消夏”。相比抗洪、抗旱等情绪更强烈的表述，消暑有防暑、避暑之义，也有消遣之义。不知是什么原因，明清典籍中常见的消夏之事，此前并不多见。而在清代，“消夏”还常出现在文人笔记和小说里。掌故中提到消夏，亦作“销夏”，唐代诗人陆龟蒙在《奉和袭美太湖诗二十首·销夏湾》诗中有言：

“健若数尺鲤，泛然双白鸥。不识号火井，孰问名焦丘。我真鱼鸟家，尽室营扁舟。遗名复避世，消夏还消忧。”

这句诗以避暑暗喻名利之忧，文风颇为老到。另外，纪晓岚

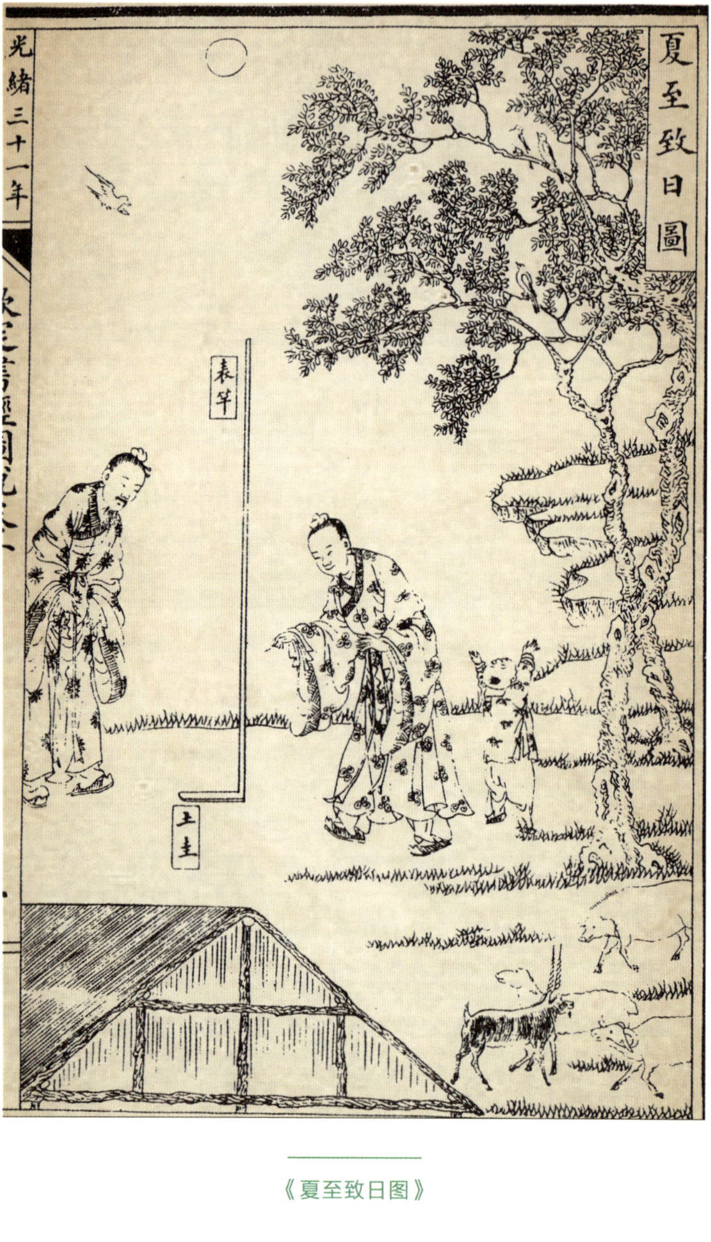

《夏至致日图》

《阅微草堂笔记》里有“滦阳消夏录”专卷，尽管内容多为奇诡灵异之事，但其名声颇大，“旨要归于醇正，欲使人知所劝惩”。沈复在《浮生六记》里，则将消夏之乐看作人生乐事之一：

“榴前老树一株，浓荫覆窗，人画俱绿。隔岸游人往来不绝。此吾父稼夫公垂帘宴客处也。禀命吾母，携芸消夏于此。因暑罢绣，终日伴余课书论古，品月评花而已。芸不善饮，强之可三杯，教以射覆为令。自以为人间之乐，无过于此矣。”

文人借消夏玩弄辞章，在小说、诗词中并不罕见。其实，后世文人能从消夏中寻找惬意感和生活的趣味，自然也是延循前人的掌故。历代文人在研习前人辞章的时候，必会受其文化心理影响。或许，当上古时代第一个不事农桑的王孙公子将消夏看作生活乐事的时候，这个文化基因就深埋在文人内心深处了。德国思想家扬·阿斯曼在《文化记忆》中一针见血地提出，身份认同、知识传承和文化传统，是构成文化记忆传承的重要元素。“后来者”不论是发自本心的优雅恬淡，还是附庸风雅或攀附身份，他们总归要借助这些元素与前人“对话”。这也是消夏的一种文化内涵，是其能历经千年而传承不变的根源。

当然，不同时代的文人会从消夏里寻找不同的趣味。宋代词人王同祖在《夏日金陵制幕即事》中写道：“荷花池畔竹凉床，一枕闲消夏日长。燎过水沉天正午，旋移小艇采莲房。”此间惬意舒适，不言而喻，兼有夏日风景描写，颇有“细雨鱼儿出，微风燕子斜”的情趣。在这里，炎炎夏日的酷热向度被消弭了，剩下的只有近乎春日的温暖，以及万物生长的生命张力。

明代文人徐缵在历史上并不知名，其作品也基本没存在感，但在度过酷暑的学问上，他堪称文人里的杰出者。其《幻于携酌南馆》有云：“避暑南楼暇，逢君迟客时。绿阴消夏气，清圹贮凉钉。林密云归早，溪深月到迟。兴阑杯未徹，惆怅暝烟滋。”在《避暑东湖寺》里，他有更绝妙的笔法：“物外寻真境，云标启梵宫。绿沉消夏气，红艳夺春工。岭色含朝旭，岩声乱夕空。坐来林月上，凉思满房栊。”

如果说日落星升才能消解常人感受到的暑气，在文人的诗词里，也很难分清哪些是真实存在的消暑，而哪些又是文人心中的念想，毕竟“心静自然凉”。宋人葛天民在《夏日》一诗中曾写道：“晓荷随坠露，晚岫障斜阳。树下地常荫，水边风最凉。”但水边吹来的凉风总归是效果有限的，“独坐观群动，闲消夏日长”，若内心没有闲适之气，即使灼烧皮肤的热浪能够退去，心中的酷热也难以消除。

也正因此，消夏似乎又是一个修辞性更强的概念，关乎外界环境，更关乎内心感知。但许多人并不会对文人情怀抱有强烈的代入感，他们只是需要在日常生活里消除暑气，健康不被暑气侵袭，亲友得以保全，已是幸事。或许，典籍里“消暑”取代“消夏”，显示了历史中文人叙述瓦解的过程，也是让更多普通人的悲喜得以展现在历史舞台上的途径。当然，文人把控了记叙历史的话语权，即使有农夫、挑夫唱出比“赤日炎炎似火烧”更脍炙人口的诗句，也未必能被史书记下，但从一些文人的辞章里，依然能窥见湮没在历史尘土下芸芸众生的影子。

晁补之有首《鹧鸪天》提到了消暑中水果的重要性：

“吉梦灵蛇朱夏宜。佳辰阿母会瑶池。竹风荷雨来消暑，玉李冰瓜可疗饥。心悟了，道成时。不劳龙女骋威仪。僧祇世界共游戏，贤懿光阴比寿期。”

晏殊有首《蝶恋花》，笔法颇为通俗，后人可从中觅得古人解暑的办法：

“玉碗冰寒消暑气。碧簟纱厨，向午朦胧睡。莺舌惺松如会意。无端画扇惊飞起。雨后初凉生水际。人面荷花，的的遥相似。眼看红芳犹抱蕊。业中已结新莲子。”

讲究用吃喝来化解暑气的还有宋人陈郁，其诗《制梅花汤》里讲得很清楚：“南枝开处觅春光，摘得冰葩密瓮藏。留煮牛汤消暑渴，吟骚才颊有浮香。”除了吃喝，在衣食住行方面，古人消暑亦颇讲究，同在宋代的曹勋在《索酒》里有云：“四吹花香扑鼻，露裁烟染，天地如绣。渐觉南薰，总冰绡纱扇避烦昼。共游凉亭消暑，细酌轻讴须酒。”而宋代僧人释保暹也在《石席》里写道：“有状卷不得，间斋惜夜长。坐来消暑气，睡去入秋乡。隐隐生寒骨，沈沈发冷光。何时遂深遁，移取置山房。”

只是，这些宋代文人用奇绝文字摹写消暑生活的时候，并不能意识到他们的快意是因为没有遇到真正的酷暑灾荒，就像那些身处龟裂土地上控诉苍天不降甘霖的农夫，并不知道酷暑能在“消夏”里成为此般良辰美景。人们无法从他者的生活中寻找快慰，更难以捕捉自身在历史隧道中的精准位置，这或许也是阅读历史能提供“想象他者”的可能性和必要性吧。

四季轮回与风云变化，能引起古今文人墨客的感慨，但从更大的时间尺度来看，大自然的规律并不会因为人的情感而变化。尊重自然，理解自然，并实现人的情感世界与自然事物的和谐相处，同样符合科学与人性的规律。

第八章

“昆仑”航空发动机：名山的神秘历史与文化内涵

“昆仑”航空发动机是我国自行研制的大国重器，对我国航空航天事业的发展有重要意义。相关资料显示：“2002 年，研制周期长达 18 年的‘昆仑’发动机被国家军工产品定型委员会正式批准定型，用于装备歼-7、歼-8 飞机。作为中国第一个完全自主知识产权的发动机，昆仑发动机结束了中国长期以来只能测绘测仿、改进改型的历史。”[1]

“昆仑”的厉害之处在哪里呢？我们可以从一些官方的资料中找到答案：“‘昆仑’发动机具有推力大、迎风面积小、重量轻、工作可靠、维护性好、发展潜力大等特点。‘昆仑 2’发动机是在‘昆仑’发动机基础上发展的推力增大型航空发动机，降低了耗油率。同时，它在飞机上的安装形式、安装位置与

1 “瞭望东方周刊”微信公号：《成功的航空发动机有多难造？》，2016-07-14，https://mp.weixin.qq.com/s/it36PNsaalqK0XANoYijuQ.

歼-7 和歼-8 系列飞机现役发动机一致，具有安装互换性。”[1]

说起“昆仑”之名，很多人都会想起昆仑山的传说故事。在中国传统文化中，昆仑山是地位不可撼动的著名神山，历尽时光淘洗，萦绕在昆仑山之上的迷雾也久久没有散去。

不过，地理上的昆仑山脉与神话中的昆仑山相比，跨度更广。据相关资料记载：“昆仑山脉是横贯中国西部的高大山脉。西起帕米尔高原东部，东到柴达木河上游谷地，于东经 97°～99° 处与巴颜喀拉山脉和阿尼玛卿山相接，全长 2500 余千米；南北最宽处在东经 90°，达 350 千米，最窄处在东经 81° 附近，为 150 千米。山势宏伟峻拔，峰顶终年积雪，屹立在塔里木盆地与柴达木盆地之南。山脉北部与盆地的高差 3500～4500 米，南部与高原的高差 500～1500 米。”[2] 昆仑山的高大与雄伟，令人十分震撼，而它背后的历史文化，同样丰富多彩。

| 神话传说中的昆仑山 |

《尔雅》是中国第一部词典，一般被认为成书于战国到两汉之间，书中关于昆仑山的记载，开启了后世对这座神山的初步认识。《尔雅·释地》有言：“西北之美者，有昆仑虚之璆琳琅玕

1 大众网：《“昆仑 2”航空发动机亮相航展 仿制历史结束》，2002-11-04，http://www.dzwww.com/shandong/sdnews/200211/t20021104_264567.html.

2 中科院地理科学与资源研究所：《昆仑山脉》，2007-04-24，http://www.igsnrr.ac.cn/kxcb/dlyzykpyd/zgdl/zgdm/200704/t20070424_2154866.html.

焉。”在这里，昆仑被当成“九府”之一，名单里还有岱岳、华山等名山。由此可见，早在上古时代，人们就已经把昆仑山当成天下的名山之一，并守护着西北方的万物。

《山海经·海内西经》对此记录更加详细：

“海内昆仑之虚，在西北，帝之下都。昆仑之虚，方八百里，高万仞。上有木禾，长五寻，大五围。面有九井，以玉为槛。面有九门，门有开明兽守之，百神之所在。”

昆仑山上到底有怎样的神仙居所呢？据郦道元在《水经注》中说：

“昆仑之山三级：下曰樊桐，一名板桐；二曰玄圃，一名阆风；上曰层城，一名天庭；是为太帝之居。”

而在托名东方朔所著的《十洲记》（又名《海内十洲记》）中，昆仑山的景象被更加细致地描绘出来，已经具备了较为完备的神话元素：

“昆仑，号曰昆崚，在西海之戌地，北海之亥地，去岸十三万里。又有弱水周回绕匝。山东南接积石圃，西北接北户之室。东北临大活之井，西南至承渊之谷。此四角大山，实昆仑之支辅也。积石圃南头，是王母告周穆王云：咸阳去此四十六万

昆仑山风光

里，山高平地三万六千里。上有三角，方广万里，形似偃盆，下狭上广，故名曰昆仑山三角。其一角正北，干辰之辉，名曰阆风巅；其一角正西，名曰玄圃堂；其一角正东，名曰昆仑宫；其一角有积金，为天墉城，面方千里。城上安金台五所，玉楼十二所。其北户山、承渊山，又有墉城。金台、玉楼，相鲜如流，精之阙光，碧玉之堂，琼华之室，紫翠丹房，锦云烛日，朱霞九光，西王母之所治也，真官仙灵之所宗。上通璇玑，元气流布，五常玉衡。理九天而调阴阳，品物群生，稀奇特出，皆在于此。天人济济，不可具记。此乃天地之根纽，万度之纲柄矣。是以太上名山鼎于五方，镇地理也；号天柱于珉城，象网辅也。诸百川极深，水灵居之。其阴难到，故治无常处。”

在这里，昆仑山上西王母所住的八大宫殿，被清晰命名，其中最知名的莫过于“琼华宫”和“昆仑宫”，它们也成为后世小说创作的元素。一提起这些名字，读者就很容易联想到仙气缭绕的环境。与之相关的便是西王母的故事，这也是后世很多神魔小说与志怪小说的灵感来源。

从这些信息来看，昆仑山上始终弥漫着神秘的气息，几千年来有很多人试图寻找神话中的昆仑山，但并没有人真的找到过。或许，这本来就是远古先民的一个奇妙想象，也正因为昆仑山的神秘，才让这座神山的魅力不减。

民俗学者陈连山对昆仑山的神话颇有研究，他在《现实的昆仑与神话的昆仑》一文中指出：“神话中的昆仑山被《山海经》

确定在遥远的西北方，那是当时人们无法到达、更无法验证的地区。这等于用地理上的距离把神圣与世俗分开。昆仑山下的炎火山和弱水河，以及众多令人恐惧的怪物都是古人设计的神圣与世俗之间的界限，用以确保信仰的不可动摇。”[1] 从古籍的记录来看，昆仑山的神话也是不断累积而成的。不同时代的人将自己对神灵世界的想象寄托在此，因此昆仑山的地位不可撼动，与之相关的人物也就有很强的神威，西王母就是其中很值得分析的形象。

| 昆仑山中西王母的故事 |

在《山海经》中，关于西王母的记载颇多。《山海经·西山经》中说：“西王母其状如人，豹尾虎齿而善啸，蓬发戴胜，是司天之厉及五残。”在《山海经·大荒西经》中有记载：“有人戴胜，虎齿，有豹尾，穴处，名曰西王母。”由此可见，西王母在上古时代，应该是个头发蓬乱、豹尾虎齿的形象，与后世的神祇形象并不符合。

到了《穆天子传》中，西王母成为接待周穆王的异国女王形象：“天子宾于西王母。乃执白圭玄璧，以见西王母好献锦组百纯，素组三百纯，西王母再拜受之。乙丑，天子觞西王母于瑶池之上。”在《列子》中也有相关记载，与传说内容相互印证：“遂宾于西王母，觞于瑶池之上，西王母为王谣，王和之。”

1　陈连山：《现实的昆仑与神话的昆仑》，《文史知识》2020 年第 1 期。

周穆王与西王母在瑶池相会，相互唱和，不亦乐乎。

后来有一部托名东汉史学家班固所著的书，名为《汉武帝内传》，其中有关于西王母容颜的详细描写。此时的西王母形象已不再是上古神话中的蛮人模样，已经成为真正令人敬仰的神仙，有母仪天下的气场：

“王母上殿东向坐，着黄金褡裰，文采鲜明，光仪淑穆。带灵飞大绶，腰佩分景之剑，头上太华髻，戴太真晨婴之冠，履玄琼凤文之舄。”

在《太平广记》中，也有类似的记载。书中西王母似乎已经成为人间完美形象的投射，寄托了人们对女性之美的浪漫想象：

“王母唯挟二侍女上殿，侍女年可十六七，服青绫之褂，容眸流盼，神姿清发，真美人也……视之可年三十许，修短得中，天姿掩蔼，容颜绝世，真灵人也。”

如此神采飞扬的形象，已经具有很强的文学色彩。后来，西王母形象在多数当代人心中的“定格”时刻，则来自《西游记》。书中的王母娘娘便是西王母，是位慈祥温厚的女性，与之相关的蟠桃园的故事，已经成为广泛流传的经典，被人熟知。

从这个层面上看，以“昆仑”来命名大国重器，的确与中国传统文化有关，在古代传说中的昆仑神山中，我们能看到远古先民奇特的想象力，以及对未知世界的探索精神，这也与如今的科学研究精神相契合。正是在生生不息的求索精神下，我们才会对世界的认知更加全面，历史才会不断进步。

第九章

“徐霞客”保障舰：走遍山水背后的文化情怀

“徐霞客舰”是中国少数以古人名字命名的舰艇之一。它是一艘生活训练综合保障舰，为构建中国海外保障体系贡献着独特的力量。

相关资料显示：“徐霞客舰”最多可容纳2500人在外海生活三周，当承担海外大规模撤侨任务时，它还可以扮演超大型航海实习舰的角色。更加重要的是，“它为航母辽宁舰舰员提供后勤保障，是国产航母辽宁舰的配套舰艇，主要用于航母舾装后期一系列海试期间，舰员、飞行员、航空机务人员和工程技术人员的居住、饮食等生活保障”。[1]

显然，“徐霞客舰”得名于明代的旅行家、地理学家、文学家徐霞客。他花了30年的时间，走遍了中国的山山水水，为后世留下了60万字的《徐霞客游记》，其经历之奇特，在古人中

1　中国军网：《揭秘中国海军三大训练舰》，2016-11-25，http://www.81.cn/bqtd/2016-11/25/content_7376608.htm.

十分罕见，也正因此，徐霞客成为中国旅行文化的一张名片。对徐霞客了解越多，就越会感佩地理与文化探索者的热情与坚毅。

寻觅异乡山水的美感

徐霞客的魅力在今天也没有褪色。提起《徐霞客游记》，很多人将它视为古代地理类或游记类的作品，这部日记体的名著，书写了祖国的江河山川的壮美景色，也融入了徐霞客毕生的心血。它原为徐霞客生前记录的旅行考察内容，包括《楚游日记》《粤西游日记》《黔游日记》《浙游日记》等，在他去世后，这些文字被他人整理成《徐霞客游记》，为后世留下了宝贵的地理和文化资料。

从当代视角看，徐霞客的远行记录不算惊人，论行走之遥远，远不及玄奘法师异域取经，近不如丘处机远行西域和成吉思汗相见时的“行走记录”，甚至不如几千年前周穆王西游更具传奇性。但是，徐霞客是极其罕见的凭借个体力量完成数十年旅行记录的人。他的旅行和探索，几乎是无功利性的，这就区别于此前多数远行者——不论是出于政治目的，还是文化交流的目的，他们的行为都很难用“兴趣”“个性”之类的词来定义。也正因此，徐霞客毕生游历全国，并留下《徐霞客游记》，更显得独特而奇诡。

《徐霞客游记》的语言继承了中国古代传统游记的书写方法：简明扼要且注重细节。而且，徐霞客的“文学感觉”似乎比前人更胜一筹，因为是个人旅行和考察，其游记也更具个性表

徐霞客塑像

达。徐霞客和当时“主流文人”大有不同，他不喜科举，厌恶功名利禄，对风景的书写是纯粹审美式的，很少见到他在山水中寄托什么宏伟抱负。用现代的话语来说，徐霞客大概是个对宏大叙事不感兴趣的文艺青年，他爱祖国的山山水水，仅仅是一种审美的快乐，是因兴趣而游历山川，因爱好而沉醉于旅行之中。

徐霞客这样“任性”的做法，在当时也是惊世骇俗的。当然，相比那些寒门子弟，出身优渥的徐霞客似乎更有资本这样做。但徐霞客的独特，并不是他相对殷实的家境造就的，更大程度上，是因为他是一个主流文化的反叛者。也只有从这个角度，才能解释徐霞客为什么对“异乡的山水”有如此浓厚的兴趣。

让读书人告别对故土文化的固守心理，多数要凭借经世致用的政治理念，但徐霞客的对异域土地的热情，是出于对自然山水的好奇与兴趣。人文地理学上有对“地方感”的强调，但这仍是一种现代观念，我们很难想象在四百年前，徐霞客就对完整的国家地理概念有清晰的认知。不过可以确信的是，故乡的“地方感”和“天下”的观念，在《徐霞客游记》里并没有被明显地割裂开。虽然这是游记，或者说是探险和考察的记录，但很少能从中看到徐霞客对“异乡山水”的惊愕。他的叙述是从容不迫的，即使是身处险境，也会尽量描述为一种舒缓惬意的情境，让人沉醉其中，而不觉得有内在的紧张感。

如徐霞客在《楚游日记四》中所述：

“早饭于绿竹庵，以城市泥泞，不若山行。遂东南逾一小岭，至湘江之上。共一里，溯江至蒸水入湘处。隔江即石鼓合江亭。渡江登东岸，东南行，其地陂陀高下，四里，过把膝庵，又二里，逾把膝岭。岭南平畴扩然，望耒水自东南来，直抵湖东寺门，转而北去。湖东寺者，在把膝岭东南三里平畴中，门对耒水，万历末无怀禅师所建，后憨山亦来同栖，有静室在其间……”

这样的文字颇有古代山水散文“风烟俱净”和“天山共色”的感觉，是符合传统文学的审美意识的，而这样的文风几乎贯穿了《徐霞客游记》的始终。或许，在徐霞客心中，异域的山水和故土的风景可以融为一体，他用笔记录下的风景，既是地理志意义上的，更是审美意义上的。徐霞客通过远行及其书写，形成了自己对国家地理文化的完整想象，这在当时，无疑是独特且超前的行为，这也让《徐霞客游记》的文本更具多重解读的可能性。

在其中，我们能嗅到徐霞客身上一丝“现代意识”，这在古代世界十分罕见。“无限的远方，和我们都有关”——这显然是一个现代的概念。生发自西方的现代性思潮，在近两三百年的历史中，逐渐扩散到全球的各个角落。热衷旅行，尤其是探索遥远的未知，这种思维和实践方式，大多产生于现代文明的意识。

不论是《伊利亚特》还是《奥德赛》，哪怕是《一千零一夜》里诸多传奇故事，都不乏探险者“寻觅远方—归乡”的叙事模式。而与农耕经济相伴而生成的中国传统儒家思想，更加主张安土重迁，“父母在，不远游”的圣贤教诲始终是传统读书人心中的坚固理念。

徐霞客要突破的观念阻碍，首先就来自这样一种思维定式。与“学而优则仕”观念割裂的结果，就是自绝于主流文化的圈子。在这点上，徐霞客大概是有清醒的自知的。因此，他并没有彻底与传统观念割裂，因为他本身也不是一个有“革命性”思维的知识分子，这和同为晚明文人的李贽就大为不同。徐霞客的个性更像一种本能的自觉，他并不需要反抗什么，只是兴趣和审美所致，所以当需要和现实妥协的时候，徐霞客也能做出稳妥的举措。比如，徐霞客在母亲去世后守孝三年，并未出游；在首任妻子去世的时候，也没出游。这既符合当时的文化观念，也与人伦常识相吻合。

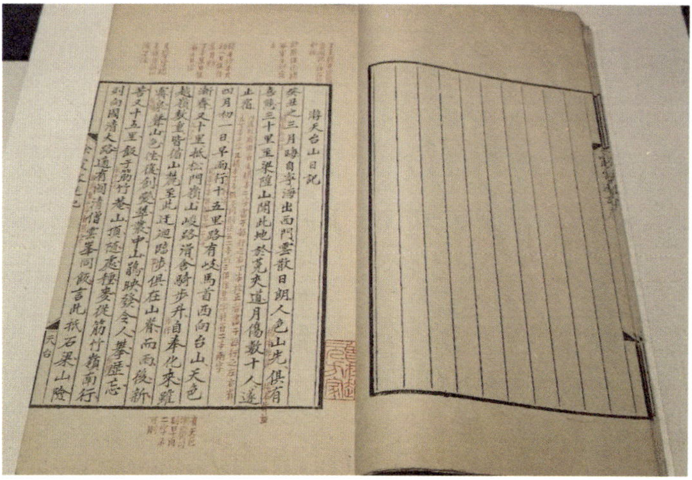
遊天台山日記
癸丑之三月晦自寧海出西門雲散日朗人意山光俱有
喜態三十里至梁隍山聞此地於菟夾道月傷數十人遂
止宿
四月初一日早雨行十五里路有岐馬首西向台山天色
漸霽又十里抵松門嶺山峻路滑舍騎步升自奉化來雖
越嶺數重皆循山麓至此迂迴臨陟俱在山脊而雨後新
霽泉聲山色往復創變翠叢中山鵑映發令人攀歷忘
苦又十五里飯于筋竹菴山頂隨處種麥從筋竹嶺南行
則向國清大路適有國清僧雲峯同飯言此抵石梁山險

国家典籍博物馆收藏的《徐霞客游记》清刻本（黄西蒙 摄）

换言之，徐霞客并不是以一个决绝的姿态，来与当时的文化主流割裂而抗衡的，这也是他令人惊奇的地方。读者很难从《徐霞客游记》中看到其思想观念内在的冲突性，尽管在徐霞客的晚年，大明的江山已经摇摇欲坠，一些先觉的文人已经嗅到了帝国陆沉的巨大风险，但这种焦虑极少出现在他的文字里。即使不能说《徐霞客游记》里有一种审美的自觉，也很难否认它对自然地理和文化地理的书写，是一种更加纯粹的记录。

| 寻古探秘的文化情怀 |

探访古籍与传说中记载的世界，可以丰富我们的精神世界。虽然很多人都向往徐霞客的人生状态，可真正能去实地探访山山水水的人，毕竟是少数。但仍有一些人迈出了步伐，尤其是在当代的历史地理研究领域，格外需要这样的文化情怀与探索精神。

通过地图了解一座城市，可能是最简易也最考验知识面的方法。如果从历史地理的角度来理解一座复杂的城市文化，则更容易抓住其关键问题。在有关北京历史地理的经典之作里，侯仁之先生的《北平历史地理》堪称绝佳。这本书在 2013 年首次被译成中文出版后，便引起了圈子里的轰动。作为一本纯学术作品，能在学术圈内外都引发影响，实属不易。

实际上，《北平历史地理》是一本旧作，是侯仁之先生在 1949 年于英国利物浦大学完成的博士论文。有人曾这样评价这本书："它开创性地运用了现代历史地理学的方法，强调自然地理与人文地理分析相结合，文献研究与田野考察相结合，对北京城的兴起和发展变迁史做了详细的考证和精辟的阐释。”

它是中国历史地理学界第一部关于城市历史地理研究的专著，无论是在侯仁之个人的学术发展历程中，还是在中国历史地理学发展史上均具有重要的标志作用，于今天的城市规划与保护，也仍然具有重要的参考价值。

侯仁之先生的历史地理学功夫，不仅在于精研文献史料以及踏足土地的田野实践，更在于杂糅历史、文化与地理形态千年流变的功夫。

北京城对他来说，不只是学术研究的对象，也是情感的寄托。他把观察到的北京城看成“一个传统的、有形的历史文化的洪流”，他曾说：“瞻仰宫闱庙坛的庄严壮丽，周览城门市街的规制恢宏，恍然如汉唐盛时的长安又重见于今日。这一切所代表的，正是一个极其伟大的历史文化的诉诸力。”

为什么他会对北京城有如此独到而深刻的观感？原来 20 世纪 40 年代，侯仁之先生曾在英国利物浦大学跟随历史地理学家克利福德·达比学习，受其“历史地理学的任务就是重建过去的地理”的观念影响甚大。因此，他认为，历史地理的研究从来不是数据和符号的排布和呈现，而是涉足国族情感和记忆的学科。要让这门学科拥有能自洽的逻辑，以及构建学科的独立性，既要拿出与相似学科不同的方法论和范式，也要和它们一起融入对国家和民族历史的记叙中。

显然，没有实地考察和切身感受，单凭冰冷的数据是不可能构建出这种图景的。相比北京城区历史地理研究成果丰硕，我们对北京郊区村落的变化了解相对较少，尹钧科所著的《北京郊区村落发展史》是对北京郊区农村研究比较经典的一本书。这位作者是侯仁之先生的学生，历史地理学的基本功扎实，加上他对水资源与城市区位的研究，让这本书颇有特色。

这本书对各个历史时期北京郊区的村落研究，着眼的问题，包括“有哪些村落是该时期形成”“有哪些村落是该时期消失的或迁移的”“影响该时期村落发展的主要因素是什么”……这本书还对北京郊区村落的名称特点、形态类型、空间分布特点等，做了全面深入的分析和论述。这些问题如果没有踏遍实地的调查，恐怕答案是难以确认的。

在实证精神的指引下，书中对细节史料的考辨也更可信，让人能跟随作者的步伐，去感受山山水水背后的文化魅力。比如，在北京的村庄里，有些看起来不像汉语也不像满语的地名，很有可能是在元朝时期形成的。如魏公村原来是畏吾儿人聚集地，是畏吾儿村的谐音。又如，昌平小汤山地区有个叫阿苏卫的村庄，经作者考证，阿苏卫是伊朗语，源自元朝时期西亚人的聚集地。也有说法称，阿苏卫实际上是阿速卫，是元朝皇宫中卫军的意思。元朝灭亡后，蒙古皇帝北逃时，这里的人随之逃遁，但地名保留了下来。再如，北京东郊的孛罗营也出自蒙古语，来自蒙古人名。

这本书还十分重视朝代更迭后的人口变化，及其背后的政治因素。比如，明朝之后才有了北京农村的大规模发展，此前北京的周边地区大都很荒芜。而到了清朝以后北京山区的人口增长速度超过平原地带，因为大量无地农民被迫进入山区生存。这本书还为研究北京地区的民族关系史、人口迁移史、文化发展史以及郊区社会经济发展规划和村镇建设规划提供必要的参考。

除开这类对中国某座城市的地理知识及人文历史的研究著作外，美国学者亨丽艾特·默茨的《几近退色的记录：关于中国人到达美洲探险的两份古代文献》堪称一本奇书。虽然这本书给出的结论，可能无法被知识界接纳，而且其研究路子或许有些古怪，但读者却能从中看到寻古探秘者的热情，尤其是实地探寻的精神，是最难得的。

这本书最早在1953年出版于美国，直到1993年才译成中文。作者默茨女士深入研究了中国古籍有关慧深对扶桑国、女国的记述，还论述了4200年前大禹派人考察美洲大陆的山川物产，其主要文献即《山海经》，特别是《东山经》《海外东经》和《大荒东经》三章。

默茨女士相信《山海经》（准确地说应该是《五藏山经》）是帝禹时期的考察报告，最令人震惊的是，她将《东山经》里记载的几个山脉之间的距离里数与北美洲（从阿拉斯加到美国南部一带）的实际地理地貌进行比较，发现其中的数据十分契合。

不仅如此，连古书里记载的风土人情也与当地实际情况吻合——当然，这无法排除对事实加以联想后的模糊化记录的情况。但如果事实果真如此，正如书中所讲，“对于那些早在四千年前就为白雪皑皑的峻峭山峰绘制地图的刚毅无畏的中国人，我们只有低头，顶礼膜拜”。

或许，如果没有亲身探索的精神和对历史文化的深沉情怀，后人既不能读到科学严谨的历史地理读物，也不能从种种寻古的奇书里获取想象力被激发的快感。徐霞客面对山山水水时的探索精神与访古情怀，至今仍然感召着很多人，并将在未来以更多的形式被传承和发扬。

在今天，我们的科学研究与探索之路，就像“徐霞客们”亲身考察祖国的山山水水，虽然路上会有艰难险阻，但“无限风光在险峰”，当我们攀上科技高峰后，才能看到更加辽阔的世界。为了这一夙愿，古往今来的求索者从未放弃努力。

第十章

“黄山”护卫舰：徽州风光与文化魅力

黄山是中国名山中的一张名片，它所在的安徽省黄山市也是中国著名旅游城市，黄山的自然风光与徽州的历史文化吸引着海内外的游人。以“黄山”来命名的大国重器，自然也有独特的风采。而这项大国重器就是黄山舰。

资料显示：“黄山舰是中国自行研制生产的新型导弹护卫舰，2008 年 5 月入列，具备较强的对海、对空和反潜作战能力。先后执行第 2、第 13 批亚丁湾护航任务，与俄罗斯、丹麦、挪威等国舰艇联合实施了叙利亚化学武器海运护航，并圆满完成了战备巡逻、联演联训等数十项重大任务。”[1]

黄山舰在远航归来后，也一直守护着中国的海疆安全。2021 年 12 月，据媒体公开报道：“在南海某海域，新型导弹护卫舰黄山舰利用复杂海空条件，组织了主炮对海射击、实射干扰

1　中国军网：《新型导弹护卫舰黄山舰！是时候介绍一下它了》，2018-01-20，http://www.81.cn/jwgz/2018-01/20/content_7915216.htm.

黄山云海日出

弹、火箭深弹等课目训练。”[1]黄山舰正在以实际行动，彰显着中国海军的实力，为国防安全事业贡献力量。

黄山舰得名于黄山，有关这块人杰地灵之地的历史文化，也很值得探究。

1　央视网:《南海某海域 黄山舰开展实战化训练》，2021-12-13，https://tv.cctv.com/2021/12/13/VIDEMaxTaC050QxBThh8q0K6211213.shtml.

| 文化底蕴深厚的徽州古城 |

黄山市古称徽州，黄山的皖南风情呈现着浓郁的徽派风格，从古至今，此处都是风景秀美、人杰地灵的宝地。位于黄山市区东北部的歙县，正是徽州古城的所在地。这块 24.7 平方千米的土地上，蕴藏着上千年的历史故事。从秦朝开始，就有人在此定居，唐代之后，居民增多，文化繁盛，这里是徽州文化的发源地之一，也是古往今来的交通要道。如今，徽州古城已经开发成了比较成熟的旅游区，但仍有很多古城居民居住在里面，老街小巷

徽州古城（黄西蒙 摄）

中，尽是岁月淘洗过的痕迹。

在徽州古城西门附近有座许国石坊。这是一座石头牌坊，上面有“大学士”三个大字，故又称“大学士坊”。与常见的“四脚牌坊”不同，它有八根立柱。从正面看去，也能看到正面四根柱子的后面还有四根柱子，上面有石狮雕像，拱卫着这座古老的建筑。实际上这座牌坊更像是中间镂空、没有穹顶的矩形建筑，其形状在中国的古牌坊中独树一帜。据说这是为了纪念许国衣锦还乡而建的。这位明朝重臣出生于歙县，在嘉靖四十四年考中进士，后来做到武英殿大学士，曾参与云南大小金川平叛，立下了不少功勋。

徽州地处安徽、浙江、江西三省交界处，因为山地多，水资源丰富，古代有些躲避中原战乱的人就选择定居于此。隋唐之后，徽州文化走向兴盛，明清时期更是鼎盛，不论是徽州的诗词歌赋，还是笔墨纸砚，都是文化之精华。更不必说徽州独特的建筑风格，在世界建筑群中占有一席之地。而臭鳜鱼、毛豆腐等特色美食，也成了当地招揽四方宾客的佳肴。还有走遍天下的徽商，传播了独特的徽州文化，也提升了徽州的知名度。

其实，在今天的行政区划中，并没有一个“徽州市”（1987年，为了发展当地旅游，徽州市改名为黄山市），徽州更像一个文化地理概念，而非行政区划的概念。文化地理意义上的徽州，包括歙县、黟县、休宁、婺源、绩溪、祁门六县，但如今绩溪已经划给安徽宣城市，婺源划给了江西上饶市。虽然徽州已不是一个独立的行政区域，但其文化认同感一直存在。

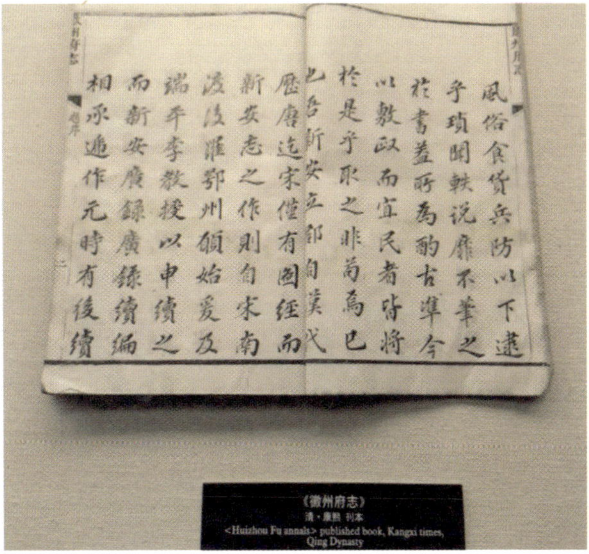

徽州文化博物馆收藏的《徽州府志》（黄西蒙 摄）

|“黄山归来不看岳”式的绝美风光|

黄山市区所在的屯溪区，平静的新安江穿城而过，尤其是暮色降临后，钟声响起，熙熙攘攘的人群涌上街头，很多中老年人沿江散步，增加了这座皖南小城的生活气息。黄山市基本没有工业，主要经济收入靠旅游业，因此当地的生态环境极佳，常年空气质量指标位居全国前列。近年来，在城市化的大潮中，周边合肥、南京、杭州等城市的“虹吸能力”很强，很多年轻人离开了黄山。但是，漫步在黄山市的街头，会让人感慨这是休闲的宝地，尤其是久居大城市的人来到黄山，就如同步入了舒适惬意的仙境，可以暂时放下繁忙与忧愁，在这温馨而休闲的地方调养身心。

黄山风景区如今已经是十分成熟的旅游景点，它在为黄山市带来大量经济收入的同时，也成为当地最重要的文化名片。如果只有徽州的历史文化，而没有黄山的秀美风景，徽州的魅力就会折损大半。因此，但凡来徽州地区的游客，都会登上黄山，感受这座名山的独特魅力。

古人说“五岳归来不看山，黄山归来不看岳”，正是对黄山风景的真实赞叹，黄山仅凭出色的自然风光，就能享誉国内外，其魅力可见一斑。事实上，奇松、怪石、云海、温泉、冬雪这

雨中的迎客松（黄西蒙 摄）

“五绝”，就足以让黄山获得“天下第一奇山”的称号。

即便在风雨之中，黄山也有令人神往的独特风景。当人置身于雾气弥漫的山林中，如踏入仙境，仿佛与整座奇山融为一体，天地在此都化成了白色的世界。而举世闻名的黄山迎客松，在山雨水雾之下，仿佛化为水墨山水画，其古典美感的气韵，在其他地方并不多见。

以迎客松为代表的黄山松可以在严寒酷暑中生存，甚至能从石头的缝隙中生长出来。它向阳而生的姿态及强劲的生命力，被历代文人墨客赋予了特别的精神。虽然黄山松的生命力顽强，但它的生长速度十分缓慢，因此对一些名松的保护就变得至关重要。迎客松有超过 800 年的历史，不仅是黄山的象征，也早就成为中国文化的一张名片。当地设置专人呵护迎客松，对其健康状况也会定期检查。

虽然迎客松的形貌是独特的，但在黄山上下，也有一些与之外形相似的松树。它们大多生长在悬崖峭壁上，笔直的躯干刺向天穹，而另一侧则向着阳光长出枝叶，显出昂扬向上的生命力。

黄山上还有一棵著名的黑虎松。此树高 7.5 米，躯干挺拔，枝叶繁茂，树顶像一把打开的伞，在黄山松中显得十分强壮。它的寿命超过了 700 年，仅次于迎客松，但它不是生长在峭壁之间，而是位于一块较为开阔的平地上。有时在水雾之中看不清周围的景色，但这棵大树的身姿却依然醒目，对人的视觉十分有冲击力。

据说，曾有一位高僧路过此处，看到有一只黑虎卧在树顶上，但如此奇诡的景象转瞬即逝，黑虎消失，倒是这棵松树一直挺立。还有一种说法是因为此树形状粗壮，气势不凡，容易让人联想到老虎之类的强壮动物。这些传说虽然无可考证，但细细想来，却也颇有趣味。毕竟，哪个名山大川没有神奇的传说故事呢？黄山的自然景观十分独特，不由得让人联想到各种玄妙的故事，倒也不奇怪了。

置身于雨中的黄山，远方的群山在浓雾中时隐时现，近处的奇石笼罩了层层纱衣，更增添了些许神秘色彩。即便是乘坐缆车，想到达黄山的光明顶，也需要徒步几小时。如同在云雾中行进许久之后，才能达到这处海拔 1860 米的高峰。不过，光明顶并不是黄山的高峰，莲花峰比它还要高一点，但如今多数游客都会选择攀登光明顶，其知名度似乎更大一些。

在黄山的光明顶上还有一座天文台，旁边有一处观景台，可以在此观赏黄山的奇境。若遇上天降大雨，山顶气温很低，远方的奇石峻岭十分模糊，只有近处的陡崖与奇松在雨帘中展现着独特的身姿，好像在跟游人打着哑谜，不愿意展现自己的全部面貌，还想留下诸多悬念。其实，即便在晴空万里之时，黄山也经常云雾缭绕，仙气飘飘。正是这种模糊的视觉效果，让黄山的风景有了某种“欲说还休”的味道，也让人更加回味无穷。

| 历史深处的徽州宏村 |

黄山市下辖的黟县，有座徽派建筑风格的集萃地宏村。若来黄山游玩，除了要看黄山的自然风光，同时还不能错过这类人文景观。其实，早在南宋时期，宏村就已有人烟，此后数百年，不论外部是否战火纷飞，宏村都能成为平静的港湾。由于当地建筑免于战火的破坏，也让不少历史传统得以保留下来。

如今，常有游人在进入宏村后，就能看到一群学生坐在南湖之畔，对着眼前的南湖书院与清澈的湖水，在画布上泼墨涂彩，一幅幅生动鲜活的画作由此产生。来写生的年轻人大多来自周围的学校，而他们的画作也吸引了不少游人驻足欣赏。

南湖书院是宏村最知名的建筑之一。它是典型的皖南风格的建筑，清代嘉庆年间，志道堂、文昌阁、会文阁、启蒙阁、望湖楼与祗园，共同组成了这座书院。虽然如今这座建筑已经长出了岁月的痕迹，但昔日前辈们的琅琅书声，似乎犹在耳边回响。如今生活在互联网喧嚣世界里的我们，恐怕已经很难体会在书斋里平静读书的感觉了，其实家塾的教育模式在今天已演变成新的模样，也很难再有古代临湖读书的模式了。当我们与自然万物的关系，从古典“天地融为一体”的气质变为如今的读书模式再看到南湖书院这样美妙的景象，是不是有种古典美的失落感呢？

宏村的另一座知名徽式建筑是承志堂。这是清末著名徽商汪定贵的宅子，在外地经营多年的他回到宏村，花重金打造了这一大型民居建筑，据说花费了60万两白银。除了占地面积大、房间多，承志堂最吸引的人就是屋内的木雕，真可谓雕梁画栋，技艺非凡。尤其是厢房之上雕有“福、禄、寿、喜”四种神仙形象，还有各种神态各异的人物形象，刻画精致，栩栩如生，让人惊叹于古代能工巧匠的技艺的同时，也让人不禁慨叹主人财力之雄厚。

宏村风光（黄西蒙 摄）

这周围的古宅里还有一些对联，体现着主人修身齐家的观念。值得一提的是，在其中一间房的墙壁上，贴着一副来自《红楼梦》的对联："世事洞明皆学问，人情练达即文章。"曾经精美绝伦的宅子，及其背后庞大的家族，也在历史的跌宕中不断变化，“王谢堂前燕”式的故事无数次重演。这句来自《红楼梦》的警语，在此更显得颇有隐喻的意味，更让人琢磨品味。

| 黄山村落的隐逸之美 |

其实，黄山市有不少古村落，有些古建筑遗迹尚存，而有些只留下了古香古色的地名，其中的历史文化，只能让人从书卷中寻找了。但是，即便是古地名，若能亲临现场，置身其中，也能从风景中发现不寻常的踪迹。

在黄山市下辖的村镇中，就藏着不少这样的宝地。休宁县是距离黄山市区很近的县，这座县城被称为“状元县”，从宋代到清代，休宁一地竟然出了 19 名文武状元，这在全国都是十分罕见的成绩。比如，明初名臣朱升、清代大儒戴震、“扬州八怪”之一的画家汪士慎，都出自休宁。虽然休宁县城位于黄山市区西部，但黄山市区屯溪的南部也与休宁相邻，从屯溪南下休宁，不仅可以看到秀美的山色，还能邂逅一些历史悠久的村子，汊口村就是其中之一。

现代意义的汊口村其实十分年轻，十几年前，才由附近几个村子合并而成。但是，就在这片土地上，古代的汊口村可谓文化繁盛，仅仅一个村子，就出了多个名人：有《宋史》专门为其列传的进士程珌，在南宋抗金的历史上留下了重要一笔的武状元程若川——金人都称其为“奇男子”。

不过，今天的汊口村已经没有这些历史名人的遗迹了，这是一个平静的村子，虽然距离市区不远，却很有 20 世纪乡村的感觉。到了傍晚，暮色降临，村里灯光不多，在几点昏黄的路灯的照射下，乳白色的徽派建筑墙面上浮着长长的影子。步行在狭窄的小巷子里，耳边还能传来大喇叭播放新闻的声音。在很多乡村生活方式已经十分现代化的今天，在汉口村反而可以感受某种古典而宁静的气息，如同世外桃源一般。

从汉口村向西行进，穿过一座浅浅的小河，便是一片开阔的谷地，它三面环山，正前方是绵延的山岭，两侧是较为低矮的丘陵。有一条蜿蜒的小道，在水田之间穿梭前进，周围星星点点的民居，让这片看似荒芜的世界也有了些许人气。但是，此处人烟稀少，为数不多的徽式建筑并没有盖过秀美的自然风光，看不到尽头的小路似乎通向神秘的地方。

尤其在夜幕之下，此处更加静谧，仿佛从宇宙诞生之初，它就一直如此平静而优雅。置身其间，会让人想起陶渊明笔下的桃花源。虽然这似乎是一个虚构的世界，但陶渊明曾做过彭泽县县令，生活区域距此并不遥远。或许，陶渊明也曾听人说起过这块神奇的土地，而在躲避乱世喧嚣的时候，从如此奇妙的风景中找到些许的精神慰藉，也未尝不是一件乐事。

“久在樊笼里，复得返自然”，陶渊明向往的田园生活，难道不也是今天的我们在面对纷纷世事时渴望寻求的世外桃源吗？虽然普通人难以达到隐逸的状态，但从繁华都市中偶尔抽身出来，在寻访古迹的路上，邂逅汉口村的隐逸之美，也是让人返璞归真的奇妙之旅。其实，在黄山还有很多这样没有任何旅游开发的古村镇，在这些村子里，有的蕴藏着悠久的历史文化，有的隐藏着

傍晚的汉口村（黄西蒙 摄）

奇异的风景，等待我们用心去探寻，逐步揭开它们的神秘面纱。就像我们在科学探索之路上，会邂逅无穷的湖光山色，只要保持足够的热情与兴趣，我们就能发现更多世界的奥妙。

第十一章

“羲和”太阳探测卫星：从太阳形象到姓名文化

2021 年 10 月 14 日 18 时 51 分，我国首颗太阳探测科学技术试验卫星“羲和号”，在太原卫星发射中心顺利升空。

“羲和号”的成功发射具有重要意义。官方对此有很高的评价：“它将实现国际首次太阳 Hα 波段光谱成像的空间探测，填补太阳爆发源区高质量观测数据的空白，提高我国在太阳物理领域的研究能力，对我国空间科学探测及卫星技术发展具有重要意义。”[1]

这一大国重器因何而得名呢？有媒体注意到，“羲和号”的命名也有一个广泛征集和专家推介的过程，最终才从神话传说中选定了这个名字：“羲和为中国上古神话中的太阳女神与制定时历的女神，并以太阳母亲的形象为人们所认知。此名取义‘效法羲和驭天马，志在长空牧群星’，象征中国对太阳探索的缘起与

1 人民日报客户端：《我国首颗太阳探测科学技术试验卫星“羲和号”成功发射》，2021-10-14，https://wap.peopleapp.com/article/6331852/6222647.

拓展。”[1]

| 从太阳女神到太阳崇拜 |

羲和被后世视为中国上古时代的太阳女神。《山海经·大荒南经》中有记载：“东南海之外，甘水之间，有羲和之国。有女子名曰羲和，方日浴于甘渊，羲和者，帝俊之妻，生十日。”另外，《尚书·尧典》中有言：“乃命羲和，钦若昊天，历象日月星辰，敬授人时。”

在上古神话中，羲和是帝俊的妻子，他们生了十个孩子，便是金乌，也就是太阳。后面就是很多人熟悉的十日并出、后羿射日的故事了。另外，还有传说中的羲和形象是太阳的赶车夫，或者说是驭手，将太阳神格化后，羲和的形象也充满了神性的光芒。屈原在《天问》中曾发问：“羲和之未扬，若华何光？”（羲和还没有“驾驶”太阳出现，神树若木的花朵为何绽放光彩？）这也从侧面证明羲和形象的多元性，有时是太阳本身，有时则成为太阳的驭手，在不同语境下形象不同。

其实，将自然事物神格化是古代文明中常见的思维方式，而将太阳神格化，并由此产生太阳崇拜，也是中西方古代文明中都普遍存在的现象。从人类历史上看，早在古埃及就出现了对太阳的神格化，甚至将统治者形象与太阳神祇的角色融为一体，其中

1 澎湃新闻：《我国正式进入“探日时代”》，2021-10-14，https://m.thepaper.cn/baijiahao_14906806.

木乃伊背后是神秘的古埃及文化

值得一提的法老就是阿肯那顿（另有译名埃赫那吞）。

阿肯那顿（也可以称之为阿蒙霍特普四世）统治了埃及17年，这个在位时间在古埃及法老中不算长，比起在位超过90年的佩比二世，更是小巫见大巫。但是，阿肯那顿改革，在历史上备受争议。作为法老，他不顾自己的威严形象，令人四处雕刻自己奇怪的塑像，不论从哪个层面看，这些雕塑都十分古怪，实在谈不上美观。

更令人诧异的是，他打破了一直以来古埃及人的神灵崇拜，将阿蒙神体系更替为自己独创的“阿吞崇拜”。这个“阿吞”其实就是一个不断放射出光芒的太阳形状，颇有现代极简主义的风格。而之前的古埃及神灵崇拜，都是有现实中的具象之物作为载体的，比如阿蒙神和拉神，在之前都是古埃及太阳崇拜的象征。

在中国上古时期的金沙文明中，太阳崇拜的元素也很常见，其中最经典的形象就是太阳神鸟。这块手掌大的国宝，是中华文化遗产与中国文物的象征，极其珍贵，从2001年出土后，就一直以其独特的魅力吸引着世界的目光。

太阳神鸟已被列入《第三批禁止出国（境）展览文物目录》，现存于成都金沙遗址博物馆。它体现了上古时代的人对太阳的崇拜文化，也是对“金乌负日”的生动展示。

这个呈现“金乌负日”的国宝全名叫商周太阳神鸟金饰，在博物馆的资料中，有关于其特征的详细介绍：“金质，整体为圆形，厚度均匀，极薄。图案分为内外两层，均采用镂空的方式表现。内层图案中心为一没有边栏的圆圈，周围等距分布有十二条顺时针旋转的齿状芒，芒呈细长獠牙状，外端尖，图案好似空中旋转不停的太阳。外层图案由四只相同的逆时针飞行的鸟组成，它们等距分布于内层太阳的周围，引颈伸腿，展翅飞翔，爪有三趾。首足前后相接，向着同一方向飞行。飞行的方向与内层太阳

金沙遗址博物馆收藏的太阳神鸟金饰（黄西蒙 摄）

芒纹的方向相反。”[1]

金沙遗址博物馆馆长朱章义曾说：“太阳神鸟金饰造型精练，线条流畅，构图严谨，极富美感，具有较好的徽识特征。它有追求光明、团结奋进、和谐包容的精神寓意，反映了中国古代人民‘天人合一’的哲学思想，是丰富的想象力、非凡的艺术创造力和精湛的工艺水平的完美结合。”[2]事实上，即便从今天的审美来看，太阳神鸟的圆润感与辨识度都非常强，虽然它仅有20克，但却极具视觉冲击力。

| 诗歌中的“太阳王” |

相比月亮的意象，中国古代诗歌中有关太阳的形象相对较少，吟诗赏月的意境，似乎更符合中国传统文化中的内倾与阴柔之美。但是，中国现代诗歌中的太阳形象就变多了，其中比较典型、知名度较大的当属“太阳王”海子。重新解读这位已故诗人的作品与思想，找出其精神变化的蛛丝马迹，或许会对我们理解“太阳”这个文学元素有所帮助。

毋庸置疑，海子的诗歌在今天已是经典。人们不会忘记，1989年3月26日，中国政法大学教师查海生在山海关附近卧轨自杀。这一天，他刚满二十六岁。从查海生到海子，从北大寒

1 金沙遗址博物馆：《金器资料》，http://www.jinshasitemuseum.com/Treasure.

2 光明网：《金沙太阳神鸟：中国文化遗产的标志》，2020-08-04，https://m.gmw.cn/2020-08/04/content_1301423441.htm.

门学子到中国诗坛王子，他的生命轨迹短暂而绚烂，还未及跌宕便戛然而止。如今，海子之死已成为当代文学史上的一桩公案，坊间众说纷纭，后人各方评说，似乎也未能完全弄清海子自戕的原因。

海子在走向生命终点的时候随身携带了四本书：《圣经》《瓦尔登湖》《康拉德小说选》《孤筏重洋》。或许我们可以从这里入手，逐渐去解开诸多谜团。多数人都知道前两本书，不少人对英国现代作家康拉德也不陌生，其代表作《黑暗的心》《吉姆爷》在文坛知名度颇高。但《孤筏重洋》到底是一本什么样的书？

《孤筏重洋》的作者托尔·海尔达尔是挪威的人类学者、海洋学家和探险家。这本书讲了这样一个故事："他和五名伙伴，坐上一艘以太阳神康提基命名的原始伐木木筏，从中南美洲的秘鲁向西远涉重洋。"很多人不相信远古先民曾乘坐孤舟木筏，躲过狂暴海洋侵袭，在太平洋小岛上定居。为了证明这点，海尔达尔效仿前人，用生命来度量海洋的尺寸，重现古人走过的足迹。一些出版商将《孤筏重洋》算作探险小说来售卖，但在 20 世纪 80 年代的中国读书人眼中，它象征的开放性倒是其次，关键在于不畏艰险、追求"彼岸"的理想主义精神。

那个时代的读书人以西方现代性为"彼岸"标准，意识形态上的开放促使文化的多元化，也加剧了知识界的混沌感。而海子对宏大意象和神秘事物的兴趣，与当时的人们相似。或许人们并不了解航船驶向"彼岸"的具体细节，却有着强烈的问题意识。整个 20 世纪 80 年代都浸泡在一种对思想的饥渴和对知识的狂热中，海子身在其中，也生吞活剥着咽下了大量宏观热烈的概念，仿佛它们可以加速自己的精神升华。

这种狂热成就了海子，最终也摧毁了海子。从某种意义上讲，或许正是对太阳的极端崇拜与融入太阳意象的强烈冲动，让海子走向了过度理想主义的状态，以至于无法再在现实的世界中找到个体的存在价值。

据海尔达尔在《孤筏重洋》中考证，远古先民是太阳神的崇拜者，或许正是对太阳崇拜产生精神力推动他们横穿大洋，驶向彼岸——让波利尼西亚成为他们的新家园。吊诡的是，海子并不是在“向往”“孤筏重洋”的世界后才发现了太阳意象。

海子曾说：“我有三种幸福：诗歌、王位、太阳。”“太阳”是海子诗歌里十分常见的意象，他对太阳意象的执着，到了近乎舍弃自我来献祭的地步。当然，这是一种文学上的献祭，但当诗人无法分辨虚幻和现实的时候，他就会在现实中找寻方法，甚至沉浸其中无法自拔。海子最后选择的道路，并不简单地是一些评论家眼中的“形而上死”。用艺术象征来美化诗人的选择，并不等于诗人在日常生活中就是活在梦境里。

海子的诗歌创作和人生之路也不是从一开始就走向极端化的。“太阳”在其早期作品里尚有温柔形象，但到了后期则越发严肃且拥有强大的逼势。海子在 1984 年创作的《阿尔的太阳》，写到“把星空烧成粗糙的河流 / 把土地烧得旋转 / 举起黄色的痉挛的手 / 向日葵邀请一切火中取栗的人”，已经透露出炽烈的执念，以及一个近乎疯狂的隐喻。尽管阿尔小镇和凡·高的故事并没有成为海子人生的参照系，但他的确从艺术中感到了灼烧自我的痛感与快感。

1986 年到 1988 年，海子创作了著名的《太阳 · 七部书》。其对太阳象征的崇拜和执着到了一种近乎发狂的状态，这也是海子诗作里最难理解的一部分。他曾说："我的诗歌理想是在中国成就一种伟大的集体的诗。我不想成为一名抒情诗人，或一位戏剧诗人，甚至不想成为一名史诗诗人，我只想融合中国的行动，成就一种民族和人类的结合、诗和真理合一的大诗。"要写就写"大诗"，让自己赤裸面对真实的战栗，面对精神的拷问，建构诗歌的殿堂。

在去世前一个月，海子写下了《献给太平洋》——"我的婚礼染红太平洋 / 我的新娘是太平洋 / 连亚洲也是我悲伤而平静的新娘 / 你自己的血染红你内部孤独的天空"。然而，他已经无法像海尔达尔那样背负着理想去横穿大洋了，血红色的隐喻布满蓝天碧海的底幕，或许他也隐约感觉到了远涉重洋的召唤，但生命的孤舟却承载不起他更多的现实思量了。

作为文学史中的一件大事，海子之死逐渐被不少人追述为向诗歌献祭、"杀身成仁"式的文学行为，并在经过各种猜测、引申、变形后，被赋予了世人对文学精神的浪漫幻想。诗人海子也在这个过程中渐渐被神化，逐渐成为当代诗人、文艺青年们的精神偶像。每年 3 月下旬，就会陆续出现以各种方式纪念海子的活动，有人搞诗歌沙龙、朗诵会，也有人回到海子故居追忆、拜祭。

海子去世30多年后，中国的社会面貌和文化生态也发生了巨大变化。海子当年为之痴狂的诗歌，经20世纪90年代初以来的商品经济大潮冲击，社会对之关注度迅速下降，诗人早已不再是舆论追逐的明星。反倒是“诗人卖诗”“诗人乞讨”等事件层出不穷，似乎“诗歌已死”如同“纯文学已死”一样，成了时代宿命。但是，与唱衰纯文学的论调相反，现在依然有许多青年热爱诗歌，依托于高校、媒体、出版机构的诗歌类活动依然有不少受众。尤其在繁重的都市生活压力面前，读诗、写诗似乎又成了一些人寻求心灵宁静的途径，海子的“诗歌门徒”始终存在。

在这样巨大的反差下，海子的形象逐渐被复杂化，纪念海子也成了不同人编织各异话语的渠道。有人在谈海子时附加了对故去的文学、岁月的怀恋和想象，有人则追捧着“面朝大海、春暖花开”的心灵鸡汤式解读，面对这些颇为吊诡甚至是滑稽的现象，若海子泉下有知，不知会做何感想。

海子慨叹过：“大风从东吹到西，从北刮到南，无视黑夜和黎明。你所说的曙光究竟是什么意思。”追求太阳足迹的海子最终与成就他的时代一同消失，但对“诗歌热”的文学黄金年代，依然令不少读书人念念不忘。因此，海子之死被解读成告别文学理想主义岁月的标志性符号，进而推演出各种隐喻与联想，也就成为必然了。但是，我们需要看到其中的极端精神元素，对于个体而言，“太阳崇拜”有可能会消弭个体的价值感，毕竟与古代社会不同，现代人的独立人格与精神价值更应该被尊重，而不是像古代社会那样用神化要素去掩盖人性。

| “和”的历史与思想 |

“羲和”中的另一个关键元素是“和”。很多人都还记得，在2008年北京奥运会开幕式上，一个巨大的“和”字展现在全世界观众面前。“和”是中国文化中的重要元素，从古至今，中国人爱好和平的传统没有变，通过和平交往来实现和睦相处的思想也一直是主流。

古代中国与亚洲各国的友好交往历史源远流长，在多个历史阶段都有着和平交往与友好往来的传统。古人并没有今天的民族国家观念，但中国传统所维护的“天下秩序”则让位居中原的帝国有着更广阔的世界视野。

西汉武帝后，陆上丝绸之路的开启，让汉朝与西域和中亚地区有了直接的联系。张骞之行不仅涉足了大量西域国家，还初步了解了西亚乃至南亚国家的情况，比如位于今天伊朗的安息、位于今天伊拉克的条支、位于今天印度的身毒。这些地区的名字都被写入了史书，成为古代中国人初步了解国外情况的最重要资料来源。

不过，张骞通西域的开辟之功虽大，但却因当时生产力和交通条件有限，维持长久而稳定的对外交往有一定困难，再加上中原帝国政局的不断变化，一些官方的和平交往难免出现中断。但经过两汉之际的变乱与东汉初年的经济恢复，古代中国很快恢复了强大的国力，并以更加开放的胸怀来拥抱整个天下。

东汉时期的班超再通西域，让中国与西方各国的联系再次打通。值得一提的是，班超的部下甘罗曾奉命出使大秦，也就是罗马帝国。《后汉书》中有记载：“其王常欲通使于汉，而安息欲以汉缯彩与之交市，故遮阂不得自达。”但出于种种原因，甘罗最后只到了波斯湾一带。尽管如此，这也是有记载的古代中国人尝试前往欧洲的首次记录，而且行程覆盖整个中亚和西亚，对传播中原帝国的声望起到了巨大作用。

经过魏晋南北朝的乱世，隋朝之后的中国迎来了一个更加漫长的中央帝国时期。与中国一衣带水的日本，在隋唐时期十分迷恋中国的文化与政治制度，并多次派遣特使前来中国学习，这直接推动了日本的大化改新，使日本成为儒家文化圈中的重要组成部分。

唐代另一个重要的文明交往的壮举，就是中国与印度的交往。就在贞观之治在国内初现的时候，玄奘法师开始了艰难而孤独的西行之路，但在当时的唐朝西部，政治局势并不稳定。玄奘法师无法穿越吐蕃和青藏高原一带，只好选择一条更远的路，经过西域和西突厥控制的区域，从西面绕过高原地带进入印度。637 年，玄奘法师在印度一带周游列国。在此时，古老的中国终于与印度建立了友好关系，并对位于恒河流域的戒日王朝、位于印度中部的遮娄其王朝有了大致了解。而且，从史书上的记载看，此时的中国已经知道了位于南亚南部的斯里兰卡，当时它的名字叫狮子国。

虽然玄奘的西行之路是为了学习佛法，但实际上传播了唐朝兼容并包与自信开放的精神，让华夏的盛名传播到异域。正如玄

洛阳博物馆收藏的三彩骆驼，见证了唐代丝绸之路上的文明往来（黄西蒙 摄）

奘在《大唐西域记》的序言中所讲：

“亲践者一百一十国，传闻者二十八国，或事见于前典，或名始于今代。莫不餐和饮泽，顿颡而知归；请吏革音，梯山而奉赆。欢阙庭而相抃，袭冠带而成群。尔其物产风土之差，习俗山川之异，远则稽之于国典，近则详之于故老。”

中国人在了解国外山川风貌与风土人情的同时，也让异国了解了我们的文明，在相互交流中增进认识。这是真正的文明之旅，是展现礼仪之邦形象的绝佳机会。

历史学家黄仁宇曾评价唐朝具有世界主义的气质。在唐代，中国成为当时世界上最强大和文明的国家之一，也构建了以中原王朝为主导的天下秩序。它与后来的朝贡体系相似，但并非依靠武力霸权来维系，而是诉诸文明观念。以儒家构建的社会价值体系，在当时不仅为中国所推崇，也被周围的朝鲜、日本、越南等地效仿。

其后的宋代不仅是儒家文明的出色继承者，还实现了通过经济贸易来维护对外关系的新思路。宋朝在版图上远不如唐朝，但内部经济稳定期却很长，尤其是北宋和辽实现了长达数十年的和平关系，这让东亚的政治稳定和经济发展成为可能。法国汉学家谢和耐曾指出：“11、12 世纪以前，中国人并未显示商业上的才干。但宋代以后，经商能力便成为中国人最卓越的品质之一。”虽然这个判断有些绝对化，但也的确看到了宋代出色的经贸能力。

事实上，直到北宋靖康之乱前夜，宋朝还通过经贸往来不断壮大自己的财政与社会治理能力，甚至一度夺回了祁连山南部的一大片土地，建立了陇右都护府。这个行为在某种意义上有夺回河西走廊甚至西域的象征意味，但很快被女真南下的现实锤击所中断。可位居南方的南宋依然没有放弃与亚洲各国的往来，并依托强大的海上贸易，与不少国家建立了更加紧密的联系。即使到了明朝初年，还留有很多宋朝与南洋各国联系的历史痕迹与美好声誉。

南宋时期泉州的繁荣，就体现了这一点。据史料记载：“宋代泉州与日本、高丽、占城、渤泥、真腊（今柬埔寨）、暹罗（今泰国）、麻六甲（今马来西亚）、蒲甘（今缅甸）、天竺、细兰、波斯、大食都有联系。”大量的商贸往来，让南宋的世界视野转向南洋，海上丝绸之路的繁荣促使了中国与南亚、西亚各国的交往。

经过蒙古南下和西征后，整个亚洲的政治局势产生了巨大变化。虽然后世对蒙元帝国的统治有不小争议，但不可否认的是，蒙元把当时星罗棋布的亚洲各地区更紧密地黏合在一起，并通过商业贸易的形式，打通了各个地区之间的屏障。

明朝继承了前面历朝历代的开拓精神，并以更强的进取心来维系对外交往的秩序。永乐年间的郑和下西洋，在数百年后来看，依然是非常了不起的壮举。在比哥伦布航海更早的远航实践里，郑和船队纯粹是为了和平与商贸而行。在当时，一些国家担心大明船队对本国有武力威胁，甚至采取了不明就里的反对与拒绝，但最终还是妥善解决，使他们明白了郑和一行人的来意。

《明史》对郑和船队探访的国家有较为详细的记录，这一长串的名单，说明当时中国与海外交往范围之广，程度之深：

“经事三朝，先后七奉使，所历占城、爪哇、真腊、旧港、暹罗、古里、满剌加、渤泥、苏门答剌、阿鲁、柯枝、大葛兰、小葛兰、西洋琐里、琐里、加异勒、阿拨把丹、南巫里、甘把里、锡兰山、喃渤利、彭亨、急兰丹、忽鲁谟斯、比剌、溜山、

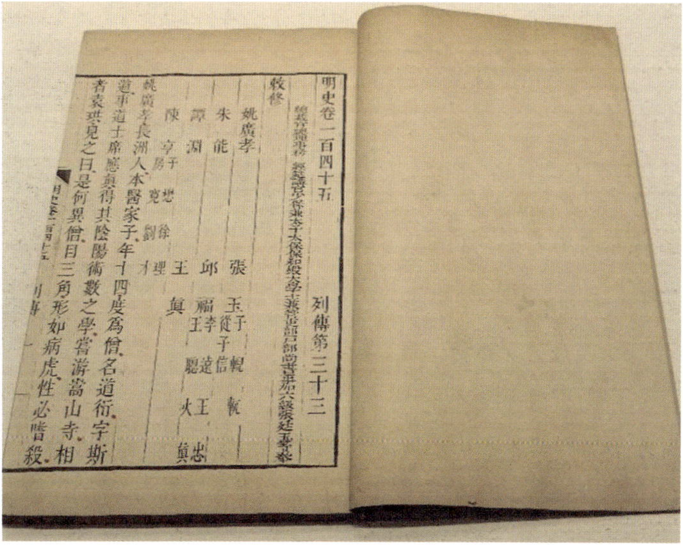

国家典籍博物馆收藏的《明史》清刻本（黄西蒙 摄）

孙剌、木骨都束、麻林、剌撒、祖法儿、沙里湾泥、竹步、榜葛剌、天方、黎伐、那孤儿，凡三十余国。所取无名宝物，不可胜计，而中国耗费亦不赀。自宣德以还，远方时有至者，要不如永乐时，而和亦老且死。自和后，凡将命海表者，莫不盛称和以夸外番。”

郑和的远行，是对海上丝绸之路的进一步延伸，并有更明确的联络天下诸国的意识，其功勋可以比肩张骞通西域。其实，当时明朝面对的外部环境并不简单，占据西域的东察合台汗国和北方的瓦剌势力，对明朝还存在一定的威胁，而已经碎裂成许多小

鼓浪屿海边的郑和石像

国的印度，也不具备玄奘取经时的政治环境。郑和船队远行南亚、西亚乃至非洲东海岸，存在不小的风险，而且当时的航海技术有限，多数时候只能沿着海岸线航行，这也是为了及时上岸做补给。不过，这也有助于他们与岸上的国家、人民做商贸与文明的交流。郑和之行是古代中国最大规模的一次对外友好往来之一，其中的故事至今仍让人津津乐道。

纵观中国古代与亚洲各国的交往，可以看到，和平交往是其中一以贯之的原则。从张骞到玄奘，再到郑和，以礼服人是他们对外交往的重要准则。即使面对冲突，“先礼后兵”“和谐共处”的理念也让很多矛盾得以化解，甚至化干戈为玉帛，成就历史上诸多佳话。

正如前文所述，古代中国依靠天下秩序来维系文明的传播。而在整个天下秩序里，“中和”的观念是特别重要的。正如《礼记·中庸》所言：“中也者，天下之大本也；和也者，天下之达道也。致中和，天地位焉，万物育焉。”古代中国将这一观念视为天地万物关系之根本，只有保持自身高度繁荣文明的同时，与其他国家建立和平、和睦的关系，在相互尊重与包容中寻求合作、发展，才让中国实现了一个又一个盛世，并在历经挫折后仍保持文明之火生生不息。

第十二章

“夸父”太阳监测卫星计划：不会消弭的坚韧顽强精神

目前中国有两个太阳探测计划，一个是“羲和”，另一个就是“夸父”。据相关资料介绍：“夸父计划的科学目标是观测空间天气事件从太阳到地球的整体连续变化现象，揭示控制日地空间系统的基本物理过程，提高空间天气灾害预报的准确度，服务航天通信等高科技活动。太阳扰动会导致卫星失灵，影响航天员安全，对地面各种通信设备形成干扰，夸父计划能帮助人类对太阳活动进行预测预报，采取相应的防护措施。”[1]

虽然要实现夸父计划的科学梦想，我们还有很长的探索之路要走，但就像远古神话中的夸父一样，只要我们认定了前进的方向，拥有不畏艰险的决心，在坚忍执着精神的指引下，就能攀登一个又一个科学高峰。

1　科学网：《中国“夸父计划”披荆斩棘》，2008-04-16，https://news.sciencenet.cn/sbhtmlnews/2008416044123205323.html.

| 经典的逐日神话 |

夸父是中国远古神话中十分经典的形象。关于夸父逐日的故事，最常被提起的两个文献分别出自《山海经》和《列子》。《山海经·大荒北经》中有记载：

“大荒之中，有山名曰成都载天，有人珥两黄蛇，把两黄蛇，名曰夸父。后土生信，信生夸父。夸父不量力，欲追日景，逮之于禺谷。将饮河而不足也，将走大泽，未至，死于此。应龙已杀蚩尤，又杀夸父，乃去南方处之，故南方多雨。”

《列子·汤问》中的记载知名度更高：

列子雕像

“夸父不量力，欲追日影，逐之于隅谷之际。渴欲得饮，赴饮河、渭。河渭不足，将走北饮大泽。未至，道渴而死。弃其杖，尸膏肉所浸，生邓林。邓林弥广数千里焉。”

虽然此处记载认为夸父没有量力而行，高估了自己的实力，但我们并不能因此认为夸父是个狂妄自大的角色。因为，远古先民为了寻求生存的希望，时常有一些看似夸张的举动，这是一种朴素的力量，努力拼搏，甚至不畏死亡。也正是由于远古先民具备夸父这样的执着精神，才让我们的先辈不断繁衍生息，不断提高生产力，这才有了后来的文明。

有学者将夸父逐日的神话视为古人关于旱灾的记忆。神话学者王青认为：“中国神话在内容构成上有一个显而易见的特点，就是天灾神话特别丰富……夸父逐日也是一个旱灾神话，而有关英雄圣君的人文神话又往往与水旱两灾的发生和治理密切相关。”[1]

民俗学者段友文认为，夸父神话背后的文化流变同样值得关注，他曾提出：“它产生于母系氏族社会向父系氏族社会过渡时期，保留了炎帝部族及其支系的族源记忆，是根植于特定历史语境中的文化象征。‘逐日’行为实则体现出夸父对炎帝部族文化的强烈认同，以及对部族秩序的维系……夸父对‘日神’和部族先祖炎帝的追随，实则是对新生父权的肯定，即对父系氏族社会

1　王青：《夸父逐日神话新考》，《中原文化研究》2015 年第 5 期。

更为先进生产力的认同与支持。”[1]

由此可见，夸父逐日的故事背后，既有令古人记忆深刻的旱灾，也有关于炎帝部族的历史记录。一个神话故事背后有丰富的解读，有各种学科的交叉研究，其实也是相当普遍的现象。要解读古代神话，需要我们具有文学、历史学、人类学、地理学上的多重学科思维，只有这样，神话的内涵才能被充分体现，神话背后的史实才有可能逐步浮出水面。

从精神内涵上看，夸父的故事激励了后世在艰难困苦面前的

古人描绘的《山海经》中的夸父形象

1　段友文：《从失忆到重建：〈夸父逐日〉神话的族源记忆与文化修复》，《文化遗产》2020 年第 2 期。

顽强抗争精神。古人虽然渴望风调雨顺，但天灾人祸总是难以避免的。夸父为了寻求生存的希望，不断朝着太阳的方向奔跑，这是一种决不放弃的精神，越是坎坷，越是勇敢。

事实上，正是这种精神才让人类在自然灾害面前获得了生存下去的勇气，人类才得以繁衍至今。相比旱灾、洪水、地震等天灾，瘟疫对人类的创伤更大，也更具普遍性，一场流行的大瘟疫，伤害的不只是个别国家与族群，很多文明都会同时遭到瘟疫的伤害。而那些像夸父一样不断抗争、不断寻求希望的国家与民众，才能在瘟疫中生存下来，进而创造出更加辉煌的文明。

| 坚忍顽强精神的样本观察：当古人面对瘟疫 |

公元前 430 年，雅典人与斯巴达人正处于战争的胶着状态中，搅动整个希腊古典时代的伯罗奔尼撒战争到了关键时刻。但是，谁也没有料到，一场突如其来的大瘟疫，在极短的时间内席卷了雅典。几乎在顷刻之间，从海边到内陆，从城镇到乡村的大片土地，都陷入了巨大的恐慌中，发热、呕吐、极度口渴、失去知觉的人越来越多……死亡的气息蔓延在雅典的每一个角落，一度被视为骄傲的雅典社会治理体系趋于崩溃。

古希腊史学家修昔底德在《伯罗奔尼撒战争史》中记载："瘟疫是从比雷埃夫斯进入雅典的……比雷埃夫斯是雅典的港口，也是食物及补给的唯一来源。地中海东部的许多地区也有发生瘟疫，但影响较小。"雅典成为疫情的重灾区，几乎有一半的人都病倒了，瘟疫摧毁了人们对生活的希望。修昔底德无限悲痛地记

古希腊涅瑞伊得斯纪念碑

录着当时的惨剧："这是一场巨大的浩劫，以至于人们不知道接下来会发生什么，对任何法律规则都变得漠不关心……"

更可怕的是，面对疫情，人们束手无策，不仅平民百姓大量死亡，连城邦的统治者、著名改革家伯利克里也死于这场瘟疫。修昔底德在史书上记载着："医生与病人的接触最多，死得最快。在人满为患的雅典，这种疾病导致约 25% 的人口丧生。看到雅典燃烧的葬礼火柴的场面，斯巴达人撤回了他们的部队，他们不愿冒险与患病的敌人接触……"后世有些研究认为这场瘟疫至少导致雅典一半人口死亡，但不论是四分之一还是一半，这都是一场骇人的人间惨剧。这场瘟疫也改变了雅典的历史，雅典的社会秩序几乎崩溃，在后来与斯巴达的战争中连连失利，最终输掉了这场决定命运的战争。

至于这场骇人听闻的雅典大瘟疫结束的原因，民间一直有传言是医生希波克拉底（就是后来所有从医者都需要尊奉的《希波克拉底誓言》的作者）发现雅典很少有铁匠感染瘟疫后，意识到炽热的火焰可以驱赶瘟疫。当雅典人手持火把，几乎要点燃整座城市时，瘟疫终于散去。

对这个说法，史学界一直争议不休，起码在修昔底德的《伯罗奔尼撒战争史》中并无相关记载。但不管怎么说，当温度提高时，空气中的病毒就会自然消失，可能是这场瘟疫结束的重要原因。我们细细观察历史后会发现，有很多类似的瘟疫都来去匆匆，它们几乎毫无征兆地暴发，又莫名其妙地消失，但在此期间，有太多无辜的生命要付出不必要的牺牲，甚至一些国家或文明都因此陷入无尽的黑暗。

雅典大瘟疫是人类有史以来详细记载的第一次瘟疫，但事实上，有很多残酷的历史并没有被记录下来，夺去数以万计的生命的可怕病毒，可能只是古籍上一笔带过的一句话，甚至一两个字。早在三千多年前的殷商时期，甲骨文上就有关于瘟疫的记载，比如“疾年”“疟疾”等词，就曾出现在记载的祭祀占卜活动中。

但当时医疗条件落后，发生了瘟疫，人们只能通过鬼神之事来祈求逢凶化吉。那是一个人命微贱的特殊历史时期，当大量奴隶与战俘倒毙在病毒面前时，商王与贵族首先想到的是远离这些可怕的群体，甚至很多人与牲畜一起，都在频繁的祭祀活动中，被当作献给祖先与鬼神的祭品来活埋或斩杀。因此，后人看到上古时期有关瘟疫的记载反而比近代要少，并非因为当时没有严重的疫病，而是记载丢失，或根本不会当成大事来记载。

随着对个体生命的重视与科学的进步，人们对瘟疫的记载越来越详细，对防疫的探索也越来越多。尽管如此，可怕的瘟疫还是会不时出现，尤其是社会秩序混乱或战争期间，更容易暴发严重的瘟疫。比如，著名的东汉末期的“建安大疫”就造成了大量人口死亡，“建安七子”中有五人没能熬过 217 年这个可怕的冬天。

曹植曾写下《说疫气》来描绘当时的可怕景象：

“建安二十二年，疠气流行，家家有僵尸之痛，室室有号泣

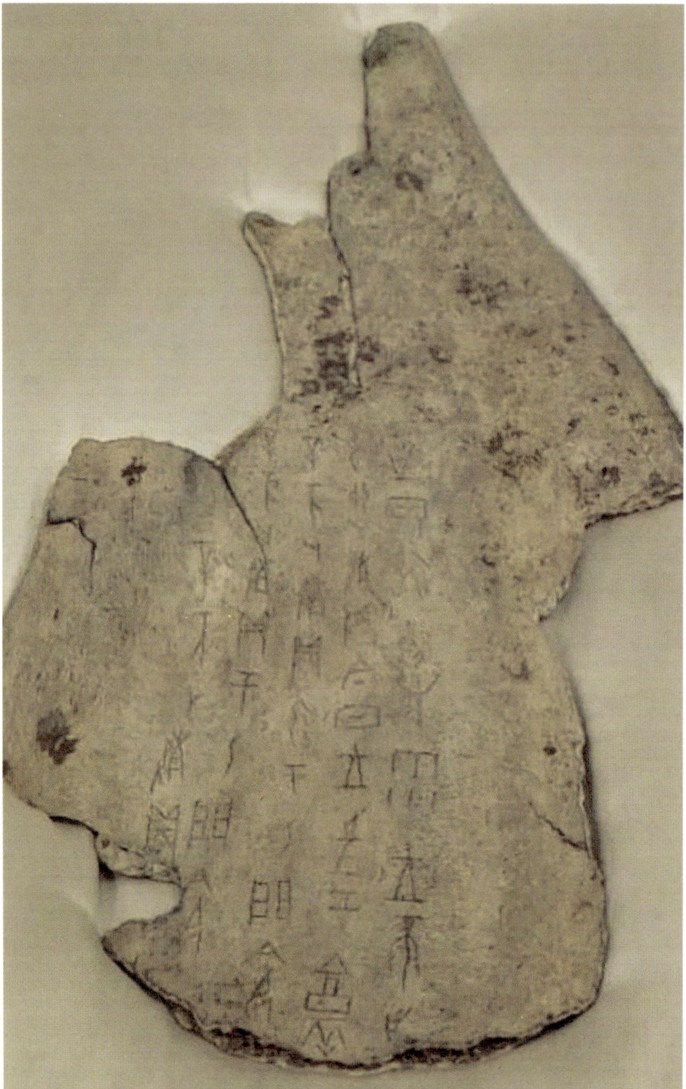

国家典籍博物馆收藏的商朝武丁时期的甲骨文（黄西蒙 摄）

之哀，或阖门而殪，或覆族而丧。或以为疫者，鬼神所作。人罹此者，悉被褐茹藿之子，荆室蓬户之人耳。若夫殿处鼎食之家，重貂累蓐之门，若是者鲜焉。此乃阴阳失位，寒暑错时，是故生疫。而愚民悬符厌之，亦可笑也。”

《伤寒杂病论》的作者张仲景也有记载：“余宗族素多，向余二百。建安纪年以来，犹未十稔。其死亡者三分有二，伤寒十居其七。”曹植认为穷苦百姓更容易染病，而贵族豪门大多可以躲过一劫，其实不然，一些疫情严重地区甚至十室九空，富人惨遭灭门者也大有人在。他们大多消失在历史的尘埃中，并没有被史书记录下来。如果能有一面墙列出罹难者的姓名，可以想象，那将是怎样令人惊愕而战栗的“历史纪念碑”。

与雅典大瘟疫相似，“建安大疫”也发生在战乱期间，曹魏政权即将粉墨登场，汉魏交迭的历史正在上演，崩坏的社会秩序亟待重建。当时，几乎没人注意到战争与疫病的关系，因为战场上死掉的将士太多，流离失所、饥寒交迫的老百姓也太多，苟且偷生地活下去，是多数人无奈的选择。当瘟疫摧毁一个地区后，崩溃的不只是当地的行政建制，还有社会伦理。由于在乱世缺乏合理的动员机制与防控举措，人们只能听天由命。

曹魏建立后，随着社会秩序在中原地区的恢复，瘟疫竟又莫名其妙地消失了。而在南方，或许出于地理环境的原因，大规模的瘟疫相对较少，但具体在一个区域内的疫情却时常出现，甚至随着不同民族之间的战争与人口流动，病毒也会飞速传播。像蜀汉南征西南夷时，经常遭到瘴气的伤害，大量将士患病、死亡，这其实也是小规模的瘟疫。

《三国志》中也记载了吴国将士远征海南时遭遇的严重瘟疫："吴孙权赤乌五年，大疫。""秋七月，遣将军聂友、校尉陆凯以兵三万讨珠崖、儋耳[1]。是岁大疫，有司又奏立后及诸王。"但等人们解决了水土不服问题后，病情自然消失，或者说，人们已经产生了免疫力，可以与病毒长期相安无事地并存。

在战火纷飞的两晋南北朝时期，瘟疫更是频频发生，而且几乎形成了与战乱相生相伴的节奏，每逢恶战，必有瘟疫。比如，西晋末年的永嘉之乱时，不仅大量中原百姓惨遭屠戮，连魏、蜀、吴三国勋贵后裔，也大多惨死，灭门之祸频频发生。《晋书·食货志》中有记载："又大疾疫，兼以饥馑……流尸满河，白骨蔽野。"

《资治通鉴》记载了侯景之乱时南京城内的惨状："城中积尸不暇埋瘗，又有已死而未敛，或将死而未绝，景悉聚而烧之，臭气闻十余里。尚书外兵郎鲍正疾笃，贼曳出焚之，宛转火中，久而方绝。"《北齐书》记载了北齐政权565年在河南一带的严重灾厄："是时频岁多大水，州郡多遇沉溺，谷价腾涌；朝廷遣使开仓，从贵价以粜之，而百姓无益，饥馑尤甚，重以疾疫相乘，死者十四五焉。"当乱世遇上灾荒、瘟疫，其状之惨烈，不忍再读。

与之同时，一场可怕的瘟疫沉重打击着西方的拜占庭帝国。

1　珠崖、儋耳便是今天的海南岛。

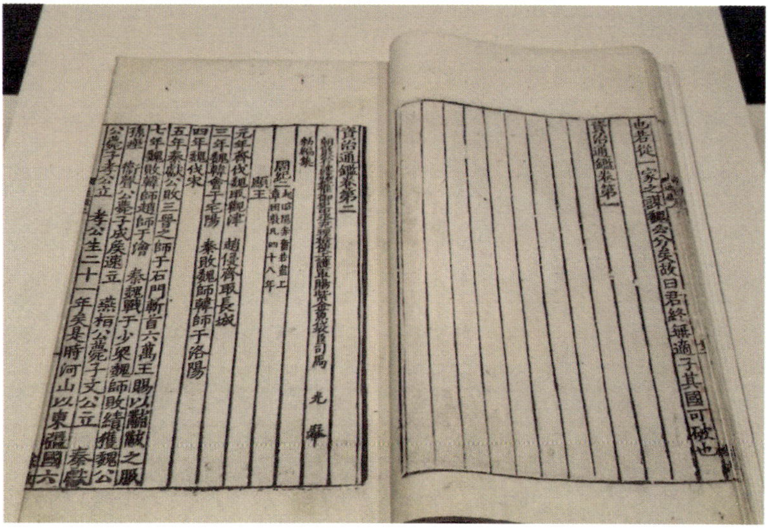

国家典籍博物馆收藏的《资治通鉴》宋刻本（黄西蒙 摄）

从541年到599年，从君士坦丁堡到地中海沿岸的大量城镇，先后暴发了五次严重的瘟疫，史称“查士丁尼大瘟疫”，它至少造成两千五百万人死亡，欧洲人口因此减少将近一半，甚至在疫情最严重的时候，君士坦丁堡每天都有五千人死亡。正如对拜占庭学研究颇深的历史学者陈志强教授在《世界历史》上曾刊文所讲到的：“整个地中海沿岸都成为疫区，其中君士坦丁堡、安条克、罗马和马赛是重灾区，在百年内四度流行鼠疫，而西班牙东南部、高卢和北非地区三度暴发鼠疫，甚至英格兰西部和爱尔兰东部沿海地区也两度感染鼠疫。”[1] 这场瘟疫不仅彻底毁掉了拜占

1 陈志强：《“查士丁尼瘟疫”影响初探》，《世界历史》2008年第2期。

庭重建罗马盛世的梦想，也严重波及了欧洲的绝大部分地区，对地缘政治与文明演进都产生了巨大影响。

相比之下，在中国发生瘟疫后病毒的传播，更具有相对的封闭性。这一方面与中国特殊的地缘环境有关，另一方面也与历代中央帝国的动员机制较强有关。比如，《明英宗实录》记载了景泰六年南京瘟疫暴发时的惨状："死者相枕连途，生者号啼盈市。弃家荡产，比比皆是；鬻妻卖子，在在有之。"疫情发生后，朝廷采取了一系列应对办法，包括开仓赈民、减免赋税，从其他未受灾地区调拨物资，以解决民众之急需。而且，赈灾情况也与当地官员的仕途息息相关，赈灾不力甚至借机贪墨之徒，轻则免职，重则上刑。

正如《明史》中讲到的"内外官皆三年为一考，六年再考，九年通考，始行黜陟之典"，有这套管理考核机制在，当地的官员不敢不认真对待灾疫，史书上也不乏一些赈灾济民的廉吏的故事。但从根本上说，古代中国已经形成一套较为完备的解决瘟疫与灾荒的行政体制，尽管其中的医疗水平相对落后，且是否运转灵活还有待商榷，但总归是一套行之有效的应急办法。

经过漫长的历史演进，这些举措随着近代科学防疫方法从西方传入，不断配合医疗技术的革新而变化，直到现代建立起了一套科学的防疫体系。但这套基于中国地缘特点与行政管理方式的防疫体制，却在很早之前就产生了原始的雏形，并随着社会的进步而不断演进。

正是这种坚忍的意志，才促使人类不断通过科学手段来抵御各种自然的灾厄。人类的智慧是无穷的，从古至今，我们一直在克服各种艰难险阻，在寻求光明的道路上勇敢前行。哪怕像神话传说中的夸父一样，在向前奔走的路上牺牲，也不会畏惧眼前的困难。而这种不畏艰险的精神，也激励着后人不断前进。

当如今的国人面对“非典”和新冠肺炎疫情时，我们同样展现了坚韧不拔的意志、抗击疫情的决心，以及团结一心的精神。

在中国抗击新冠肺炎疫情的长期过程中，我们能看到“全国上下一盘棋”式的防控举措。在各种官方媒体与自媒体的叙述中，大量普通人的喜怒哀乐、悲欢离合走入公众视线。在平时，他们都是在不同岗位上辛勤劳作、踏实生活的普通人，但在疫情特殊时期，正是这些普通人的故事，打动了无数人，也构成了抗疫洪流的主体。正如历史上那些可歌可泣的大事件，固然有变幻莫测的形势作为大背景，但在此之上，却是无数普通人的行动与情感。他们不是天生的英雄，但每个人都有成为英雄的潜质。在大形势面前，我们选择了符合人性与道义的道路，做出了更有担当的抉择。

我们不能忘记的是，那些在抗疫前线不幸倒下的医护人员，有些是医院科室的主任，有些只是普通的护士。在病毒面前，不论是经验丰富的医生，还是刚毕业不久的护士，都有被感染的巨大风险。但是，他们本着救死扶伤的精神，履行了作为医者的义务，纷纷主动请缨，只是为了抢救更多人，避免疫情的扩散。

与此同时，我们也看到，国人在特殊情况下展开自救、绝不言弃的勇气与决心。这些精神，其实深深印刻在国人的灵魂深处。从古至今，中国人面对各种灾厄，都有一种积极向上的精神。就像夸父逐日故事给人的启示：我们只要一直朝着光明的方向努力前行，就不会惧怕干渴与寒冷，即便牺牲在奔跑的路上，也要最大限度地实现人生价值，为了更崇高的目标而奉献自我。

第十三章

“鹊桥”嫦娥四号中继星：浪漫故事与丰富意象

2018 年 5 月 21 日 5 点 28 分，嫦娥四号任务“鹊桥”号中继星在西昌卫星发射中心顺利升空。“鹊桥”得名于中国古代的鹊桥故事，也就是牛郎织女鹊桥相会的传说。从这个名字来看，它被科学家寄托了很多美好期待，且也在为中国探索宇宙的事业发挥力量。

资料显示：“这颗卫星之所以取名‘鹊桥’，是因为它既可以跟月球背面通信，又可以和地球通信，就像在地球和月球背面搭了一座通信桥梁。它也是世界首颗运行于地月拉格朗日 L2 点的通信卫星。”[1]

这一任务对中国的探月工程而言极为关键。用中国探月工程总设计师、中国工程院院士吴伟仁的话说：“由于月球有一面总是背对着地球，当嫦娥四号进行世界首次月球背面软着陆和巡

1　央视网：《嫦娥四号“鹊桥”号中继星发射成功》，2018-05-21，http://news.cctv.com/2018/05/21/ARTIt9OY6XIG9MxBs8cPpoIx180521.shtml.

中国科技馆展示的嫦娥四号探测器仿真模型（黄西蒙 摄）

视勘察任务时，将受月球自身遮挡，无法直接与地球进行测控通信和数据传输，而‘鹊桥’则相当于架设在嫦娥四号与地球间的‘通信中继站’。”[1]

换言之，有了“鹊桥”，地球与月球之间的信息连接将更加便捷，科学家将会在“鹊桥”的帮助下，进一步探索月球，中国的科学事业也将由此不断推进。既然“鹊桥”是一个美好的意

1　中国科学院网站：《“鹊桥”中继星成功发射》，2018-05-22，https://www.cas.cn/cm/201805/t20180522_4646619.shtml?from=singlemessage.

象，那么它背后又有哪些有趣的故事呢？

| 鹊桥传说与七夕节 |

中国人对鹊桥与牛郎织女的故事可谓耳熟能详。传说织女本是天上王母的孙女，她在人间与牛郎结为连理，十分恩爱。但他们的关系被王母发现了，王母十分生气，便派人把织女抓回天界，并划出一道长长的银河，将牛郎与织女彻底隔开。两人无法见面，只能隔河相望，却始终不肯放弃彼此。后来，王母也被他们的感情打动，便让喜鹊传话，告诉他们每隔七天可以见一次。不料喜鹊传错了话，说成只有每年阴历七月七日这天，牛郎织女才能相见。王母便惩罚喜鹊为两人搭建桥梁，这便是“鹊桥”的由来。

这个故事十分动人，在中国各地广泛流传。尤其是牛郎织女突破客观条件的束缚来追求真爱的精神，令人十分感动，让爱情

四川出土“龙虎戏璧、牛郎织女画像”

这一永恒命题增添光彩。中国非物质文化遗产数字博物馆对牛郎织女的传说，有一个十分有趣的“说明”：“牛郎织女传说展示了我国农耕文明下男耕女织的社会结构和封建宗法制度下婚姻不自由的社会状况。牛郎织女的爱情悲剧得到民众的广泛同情，这成为传说传播和繁衍的动力，也推动了‘七夕’乞巧风俗的形成。民众常常把传说中的主人公认定为自己身边的真实人物，把事件发生的地点认定为本地域，由此出现了许多相关的历史遗迹，陕西西安、山东沂源、山西和顺等地都有牛郎织女传说的相关遗址。”[1] 事实上，每个地方的风俗不同，由此展现出了不同的七夕节文化风貌。

比如，在甘肃省西和县，当地在七夕时的民俗活动多彩多样：“从农历六月三十日晚开始，至七月初七日晚结束，前后历时七天八夜，整个活动分为坐巧、迎巧、祭巧、拜巧、娱巧、卜巧、送巧七个环节。”[2] 而在浙江温岭，则有石塘七夕的风俗，它也被列入了中国非物质文化遗产名录，据相关资料：“石塘七夕习俗流行于浙江温岭沿海的石塘、箬山一带，为十六岁以下儿童于七夕节之日向七娘妈祈福的传统民间活动。石塘先民于三百多年前从闽南迁入，此习俗随之而来，存续至今。”[3] 这个风俗结合

1 中国非物质文化遗产数字博物馆：《牛郎织女传说》，http://www.ihchina.cn/Article/Index/detail?id=12254.

2 中国非物质文化遗产数字博物馆：《七夕节（乞巧节）》，http://www.ihchina.cn/Article/Index/detail?id=14927.

3 中国非物质文化遗产数字博物馆：《七夕节（石塘七夕习俗）》，http://www.ihchina.cn/project_details/14928.

了织女信仰与当地的民间文化，是传统的七夕风俗的地方化，具有很高的民间文化价值。

古人在七夕节这天，就会对着天上的牛郎星与织女星许下心愿，单身者恳求上天保佑自己的爱情尽快到来，恋人们则默默许愿彼此恩恩爱爱、白头偕老。七夕节的趣闻很多，有资料显示：“七夕风俗中流传时间最久、流传范围最广的当属‘乞巧’。古人对一年一度的乞巧习俗十分重视。在七夕夜晚，年轻的姑娘、妇女们要摆上事先准备好的时令水果，对着皎皎明月，朝天祭拜。她们还要举行各种乞巧仪式，虔诚地乞求织女神赋予她们巧手，祈求自己能够得到美满爱情的姻缘巧配。”[1] 这样的美好夙愿，其实也是古代劳动人民对现实的美好寄托，求得爱情与婚姻的美满，是千百年来人们的朴素愿望。

| 浪漫的《鹊桥仙》|

“鹊桥”这个意象在古代诗词中十分常见，是文人墨客美好情愫的寄托，比如《鹊桥仙》这一知名词牌。清代康熙年间的文人王奕清、陈廷敬编订的《钦定词谱》中对《鹊桥仙》词牌有说明：“此调有两体，五十六字者始自欧阳修，因词中有‘鹊迎桥路接天津’句，取为调名……”查阅欧阳修的《鹊桥仙》，文中确有这句妙语：

1 新华社：《“七夕节”已有 2000 多年 是世界上最早的爱情节日》，2010-08-16，http://www.gov.cn/jrzg/2010-08/16/content_1680706.htm.

“月波清霁，烟容明淡，灵汉旧期还至。鹊迎桥路接天津，映夹岸、星榆点缀。

云屏未卷，仙鸡催晓，肠断去年情味。多应天意不教长，恁恐把、欢娱容易。”

秦观写下的《鹊桥仙》最有名，传唱后世，其中缱绻的情绪，让人回味无穷：

“纤云弄巧，飞星传恨，银汉迢迢暗度。金风玉露一相逢，便胜却人间无数。

眉山三苏祠里的苏轼像（黄西蒙 摄）

柔情似水，佳期如梦，忍顾鹊桥归路！两情若是久长时，又岂在朝朝暮暮。”

除了秦观，还有很多文人都写过《鹊桥仙》。苏轼有一首写七夕的《鹊桥仙》，不过并非写爱情，而是写自己与陈令举的友情：

“缑山仙子，高清云渺，不学痴牛騃女。凤箫声断月明中，举手谢、时人欲去。

客槎曾犯，银河微浪，尚带天风海雨。相逢一醉是前缘，风雨散、飘然何处？”

宋代词人范成大也有一首写七夕的《鹊桥仙》：

“双星良夜，耕慵织懒，应被群仙相妒。娟娟月姊满眉颦，更无奈、风姨吹雨。

相逢草草，争如休见，重搅别离心绪。新欢不抵旧愁多，倒添了、新愁归去。”

陆游也有一首知名的《鹊桥仙》，写凄凉伤感之氛围，颇有意境：

“茅檐人静，蓬窗灯暗，春晚连江风雨。林莺巢燕总无声，

绍兴沈园里的陆游诗词（黄西蒙 摄）

但月夜、常啼杜宇。

催成清泪，惊残孤梦，又拣深枝飞去。故山犹自不堪听，况半世、飘然羁旅！”

另外，明末小说家周游写过一本《开辟衍绎通俗志传》，又名《开辟演义》，本书知名度不高，却是包罗万象之作，从开天辟地一直写到武王伐纣，记录了大量传说故事。本书在第三回《地皇分日月星辰》，讲到星辰方位的时候，也提到了鹊桥：

“诸星散乱，俱有其方位。汝可先升七辰于北方，此系众星象之主，诸星必然拱向；次升五帝大星；三升天乙、太乙、三

天津杨柳青年画“天河配”

师、后妃等星；四升文昌、玄武、三台、八座等星；五升七姑星，列于天河、鹊桥之后……”

在这里，鹊桥与天河并称，银河亦称天河。如此看来，在古代小说家的笔下，牛郎织女鹊桥相会的故事也是经典元素。

| 爱情意象的经典重现 |

除了诗词中的“鹊桥”意象，在一些经典小说中，我们也能看到这一意象的重现，而且经过时代话语的影响，它除了呈现爱情故事，还能蕴藏更多深刻的思想。

真正美好的爱情是无比可贵的，就像牛郎织女的重逢十分不易，想拥有纯粹的爱情，或者让爱情失而复得，都绝非易事。“鹊桥”在这里就有“隔绝”的意味，既有空间距离上的隔绝，也有情感与身份上的隔绝。

比如，经典文学《钢铁是怎样炼成的》中“保尔重逢冬妮娅”这段经典的爱情故事，其实就是两人在空间隔绝之后产生了思想上的隔膜，原本美好的爱情在这一刻破碎，让无数读者感慨，也引人深思。还有一部经典小说，是张贤亮的《灵与肉》，其电影版名为《牧马人》，在近年也很流行。我们通过这两部作品里的爱情故事，也能看到“鹊桥”意象的重现与流变。

在《钢铁是怎样炼成的》中，不少读者可能还记得，保尔与初恋情人富家小姐冬妮娅在铁路小站上有个尴尬的重逢，那是经过无数战斗后，保尔已经不再是莽撞少年，而冬妮娅也已找到自身的阶级定位。在风雪呼啸的车站，穿着俭朴的筑路工人保尔见到了雍容华贵的冬妮娅，她的身旁是与她一样“有地位”的丈夫，这才有了下面这段经典对话：

“冬妮娅跟他并排走着：‘老实说，我真没想到你会弄成这个样子，难道你不能在现在的政府找一个比挖土好一点的差事吗。我还以为你早就当了委员或是什么同样的职位了呢，你的生活怎么搞得这样惨呀。’保尔站住了，惊奇地看了她一眼：‘我也没有想到你会这么……这么酸臭。’他想了一想，才找到了这个比较温和的字眼。冬妮娅的脸红到了耳根。‘你还是那么粗鲁。’‘不，说实话，我的粗鲁比你的所谓礼貌要好得多。两年以前，你还好一些，那时候你还敢跟一个工人握手，现在的你浑身散发着卫生球的气味，说句老实话，现在我和你已经没有可说的了。’”

这段经典的重逢，让期待他们美好初恋能修成正果的读者心都碎了，然而作家奥斯特洛夫斯基设置这般情节，并不只是从爱情层面考虑，而是让书中人物命运符合各自的阶级地位。奥斯特洛夫斯基的本意，大概是想借机批评冬妮娅及其所处阶级的“堕落”，并凸显保尔作为“新人”的近乎圣洁的精神。但当“一切坚固的东西都烟消云散了”，俄罗斯文学重回世俗精神，人们才悟出其中别样的意味。

其实保尔的本质并没有变，起码在小说中没有像同为战斗英雄的杜巴瓦一样变质，但冬妮娅却从一个天真的少女幻梦中走出，而早年她与保尔所谓的志同道合，其实是一段软绵绵的、自以为是的关系。出身富贵而从未感受过社会残酷的冬妮娅，对《牛虻》这种小说感兴趣，并喜欢上了穷小子保尔，不仅是因其善良，更是出于一种无知。越是养尊处优的“温室之花”，越容易对整个世界产生一种不切实际的幻想。而过早经历现实残酷磨砺的人，有可能成为出淤泥而不染的真正的善者与强者，也有可能过早地被世态炎凉侵蚀，告别理想主义的思维方式。

无疑，保尔是前者，而冬妮娅的初恋被保尔身上的英雄气概与理想主义光环吸引，如飞蛾扑火一般，与他陷入一段纯粹的感情。但是，随着世事的变化，冬妮娅逐渐走出了少女的幻梦，她不再相信这个世界上有超越阶级的爱与事业，并以此推演保尔的命运——可惜，现实让她的预设落空，为了解放事业出生入死的保尔竟然没混个一官半职，这让她觉得不可思议，保尔执拗的态度，更加剧了她的失望。

如果在一个所谓的“超稳态社会”中，冬妮娅向现实妥协后的“成熟”属于社会常见现象，但冬妮娅面对的是一个旧秩序瓦解、新秩序未成的“换代社会”，其观念难免与保尔及其背后的政治话语格格不入。对“十七年文学”研究颇有见地的上海大学教授蔡翔，在《革命 / 叙述》一书中曾谈到革命新人的“对象化与内在化”的问题，通过秩序的更迭与利益的再分配，新的国家“主人”实现了自我与社会的一体化，而且“一切内化为我们自身的一部分，并在表述上也被身体化”[1]。在“主人”获得内化可能后，其主体性也会无限膨胀，但这难免会带来一个问题：无限膨胀的主体可能会削弱其阶级意识。

蔡翔是从“新人”群体内在竞争角度来谈的，新的国家话语掌控者在内部会形成新的规则与秩序，用他的话来说，就是“荣誉的形式必然会区分出先进和落后，先进又必然构成对落后的压抑”。一旦这种有秩序区分度的现象固化下来，就会产生新的官僚秩序，但这将不再符合“新人”的圣洁形象。

其实，保尔重逢冬妮娅时，面对的就是这种“新人”圣洁形象与世俗形象之间的矛盾。在冬妮娅看来，保尔作为胜利者，理

1　蔡翔：《革命 / 叙述》，北京大学出版社，2010 年，第 375 页。

应成为掌控话语权的“新人”，就像她自己得到的家庭荫庇，也属于“前人栽树，后人乘凉”的情况。但冬妮娅不懂的是，当自己渐渐放弃了天真少女的痴心，保尔却还是那个牛虻式的年轻人，他的牺牲仅仅是牺牲，却没有因此进入新的话语秩序创建者的行列。

但是，也正因此，才凸显了保尔作为文学角色的理想主义价值，并被官方认可，借助文学的力量来动员与感召更多身处热血岁月的年轻人。

但是，从爱情上看，保尔与冬妮娅已经不是一路人了，他们的思想产生了巨大隔膜，“鹊桥”意象在这里重现为巨大的隔膜，两个角色的爱情悲剧令人唏嘘。而在另一个文本《灵与肉》(电影版是《牧马人》)中，“鹊桥”中的隔膜元素最终被化解，爱情上的大团圆，及其背后的深刻思考，也令人回味。

《牧马人》是谢晋导演根据张贤亮小说《灵与肉》改编的伤痕反思电影，极具时代特色，但在今天来看，影片情节非常简单：改革开放初期，曾在西北草原劳动改造的男主角许灵均在北京见到了自己的资本家父亲，但他始终不忘在艰苦环境中生活的妻儿与乡亲。在他的回忆里，那些苦难岁月一幕幕涌现出来，但最让他感动的是，在自己最困难的时候，从四川逃荒出来的女孩李秀芝与他结为夫妻，并没有对他产生偏见。在李秀芝的帮助下，许灵均不仅找到了美好的爱情与婚姻，还重新振作起来，成为一名老师。最终，他没有接受父亲带他去美国的好意，而是回到了那片陪伴他二十多年苦难岁月的土地。

年轻观众喜欢的段落“老许初见秀芝”，正是全剧最动人的一幕。在极度简陋的破屋中，两个苦命人依偎相伴，共克时艰。当热心牧民“郭蝙子”跑来给许灵均介绍老婆的时候，连他自己都不敢相信还有资格结婚，因为当时的他几乎丧失了一切的尊严。但影片的处理显然是理想化与浪漫化的，许灵均在村民眼中不只是个牧马人，也是个待人真诚、有礼有节的好人，甚至他的读书人身份，在“郭蝙子”等人眼中还是个优点。许灵均的命运由此迎来转机。

许灵均与李秀芝的结合简朴至极，却一往情深。在网络文化的发酵下，这个故事被年轻观众尤其是单身群体赋予了“爱情乌托邦”的形象。至于许灵均后来选择留在草原，也是知识分子家国情怀的体现，是一种从苦难之海中挣脱而出的极端理想主义。或许，张贤亮在给许灵均这个角色命名的时候，便想到了屈原（屈原字灵均），老许既有屈原为代表的中国传统文人的坚忍与情怀，也有很多张贤亮本人的影子。

张贤亮在 20 世纪 80 年代的小说普遍具有伤痕风与自叙体的特点，即便到了 20 世纪 90 年代之后，其书写依然有大量关于两性、苦难、生死、信念等问题的严肃思考。张贤亮的小说主题有很强的趋同性，有不少都是“公子落难，美女陪伴”的模式（类似中国古代文人小说），又被赋予了“革命 / 伤痕”叙事的风格。不论是《灵与肉》里的许灵均与李秀芝，还是《绿化树》里的章永璘与马缨花，都是落魄的男子汉遇到了温柔善良的女孩的故事，而且通过美好女性的抚慰，男性角色重获生机，击碎了现实的屏障，最终逃出地牢般的世界。

这显然与张贤亮本人的特殊经历有关，张贤亮笔下的伤痕叙事，其实正是他自己完成精神救赎的过程。原本出身于书香门第大户人家的他，却见证了无数的苦难。而且，张贤亮的经历并非他个人独有，在那个风云激荡的年代，有很多人与张贤亮有着相似命运，也有无数读者为许灵均、章永璘的故事洒下热泪——既是感同身受的慰藉，也是走出历史跌宕后沉痛的反思。

许灵均的故事并不是简单的“爱情乌托邦”，年轻网民的解读固然具有当代的视角，却往往忽略了这背后更加残酷的问题。苦难本来没有价值，苦难让人转化成更强大的存在才会有价值。有人怀才不遇，有人历尽情殇，但能将这些遭遇转化成追寻生活幸福的动力，绝非易事。而有一种苦难，是时代造就的，个人的命运毕竟无法躲开大环境的剧变。

在伤痕文艺中，这种苦难叙事十分常见，造就他们苦难的是国家、时代，将他们从苦难中解救出来的依然是这些宏大的物象。像《牧马人》这样借助爱情（以及它后来变成的亲情）、美丽的大自然、朴实的劳动人民来唤醒人们内心温情、感动的叙述，正是当时知识界普遍的心理：虽有劫后余生的痛感，但并不愿抛弃这个充满苦难的国家。

通过这种思考，书写者获得了一种身份上的认同，实现了个人主体性的构建。张贤亮也好，许灵均也罢，他们实现改变命运的途径，依靠的就是这些元素。他的书写，依然是带有些许理想化的色彩，甚至是文人的浪漫幻想。尤其是影片《牧马人》中，带有痛感的元素被淡化了，取而代之的是对民族、国家更深的认同和感情，是对新时期的向往和投身其中的愿景。

这种心理是矛盾的：一方面，一些曾经自己笃信不已的东西破灭了，正所谓“生活背叛了自己”；另一方面，当他们认为旧的时代已经终结，自己在新时期会被重新赋予话语权，这些不幸反而成了自己面对新时期的自白书。

其实，这种心理不只体现在《牧马人》和张贤亮的文学世界里。“面包会有的，牛奶也会有的，一切都会好起来的”，革命乐观主义的调子一直是一些伤痕文艺的主旋律。“把被颠倒的东西再颠倒过来”，伤痕叙事中的知识分子们看似是在解构，实际上是在开启一场新的话语权上的革命，只是这场文学革命更有生活的腔调，更有温情的叙述。

在看待个体命运遭到戕害的问题上，那一代知识分子的隐忍和善良特质得以彰显，许灵均们用日常生活的甘苦消解时代的阵痛，在“归来”后犹如新生。如果没有骨子里的家国情怀，这是不可想象的，即使“归来”也必将只是怨恨、控诉。这种情绪反映在文艺作品里，自然也是纯净的、质朴的，怎能让人不感动呢？

从这个意义上讲，“鹊桥”延伸出的丰富意象并不只是简单的“爱情故事”，而是通过男女情爱上的分分合合，来呈现时代的风云变化，让更多人看到个体命运在社会变局中的多重可能。“鹊桥”的意象既是古典的，也是现代的，深入观察“鹊桥”，也能更清晰地认识世界。

第十四章

“蛟龙”深海载人潜水器：龙文化的兴起与迷思

“蛟龙”号是海洋探索领域的大国重器，它已经成为我国深入海洋科学探索的关键利器。有关“蛟龙”的故事，吸引了很多人的兴趣。

据媒体报道：“2019 年 4 月 21 日，历时 15 个月完成技术升级换代的全新‘蛟龙’号载人潜水器在青岛国家深海基地管理中心亮相。‘蛟龙’号技术升级的主要目标是提高‘蛟龙’号安全性、易维护性，提高作业效率，继续保持国际领先的技术优势。待海试完成后，‘蛟龙’号将以全新的面貌、更加优异的性能投入深海前沿科学研究、深海资源勘查、深海环境监测保护业务工作中。”[1] 这是“蛟龙”号的全新形象，从“蛟龙入海”以来，它已经给我们带来了太多惊喜。

正如新华社对它的评价：“从南海 50 米海试起步，到马里

1 中新社：《蛟龙号深海载人潜水器“升级换代”后亮相》，2019-04-22，http://www.xinhuanet.com/photo/2019-04/22/c_1210115565_4.htm.

亚纳海沟7062米的跨越；从太平洋底的海山、海沟，到印度洋底的大洋中脊，‘蛟龙’号所到之处，留下了中国载人深潜不断前行的脚步，留下了中国科学家深入探索深海科学的背影。”[1]

“蛟龙”的名字让人印象深刻，是因为中国人关于龙文化的记忆，可谓漫长而丰富。在说蛟龙之前，还得先说说中国上古龙文化的起源问题。

| 红山文化与龙元素的雏形 |

最早的龙形象出现在什么时候？虽然史学界对这一问题争论不休，但这块“玉猪龙”，却是人们公认的龙形象的早期经典代表。

著名的“玉猪龙”出土于赤峰，这里曾经史前文明最璀璨的篇章之一。其实，著名的红山文化，只是史前文明的一小部分，在赤峰及其周边地区出现过早期人类文明的活动区域，还包括小河西文化、兴隆洼文化、赵宝沟文化、夏家店文化等。大量出土文物也见证了几千年前华夏祖先的真实生存状况，那是一个距今十分遥远的时期，也是蒙昧与文明、黑暗与曙光交织并存的阶段，其中最具象征意义的，当然还是这块“玉猪龙”，它反复出现在各类历史书籍与视频中，几乎成了史前文明的典型象征。

如今，在赤峰博物馆对外展出的“玉猪龙”，号称“华夏第一玉龙”，尽管这是一件复制品（原件收藏在中国国家博物馆），

1　新华社：《“蛟龙”号完成150次下潜 驰骋6大海区探寻深海秘密》，2017-06-10，http://www.gov.cn/xinwen/2017-06/10/content_5201356.htm.

红山文化玉龙

但还是给人不小的震撼。它的模样颇具当代极简主义的风格，简洁的 C 形勾勒出远古先民的精湛手艺。据《文物》杂志 1984 年第 6 期相关文章介绍：“这个文物于 1971 年在内蒙古翁牛特旗三星他拉村出土，呈墨绿色，高 26 厘米，完整无缺，体卷曲，吻部前伸，略向上弯曲，嘴紧闭，鼻端截平，上端边起锐利的棱线，端面近椭圆形，有对称双圆洞，为鼻孔，双眼突起呈梭形，前角圆而起棱，眼尾细长上翘。”[1]

据张立平《赤峰史话》所述：“如果把这条玉龙的四周外缘用两组相互平行垂直的直线连接起来，恰好构成一个正方形，玉

1 贾鸿恩：《内蒙古翁牛特旗三星他拉村发现玉龙》，《文物》1984 年第 6 期。

赤峰博物馆收藏的远古时期的岩画（黄西蒙 摄）

龙的头颈和躯干的比例又恰好符合现代审美学中的黄金分割理论。”事实上，在当时的工艺水平下，竟然能打造出如此精致美观的器物，实在令人惊叹。或许，那些华夏先民的技术水平与文明程度，已远远超过我们的预想。而且，“玉猪龙”的出现，也意味着农业社会中等级秩序的出现，将其认定为某种礼器，并非没有道理。尽管红山文化后来湮灭在时光的尘埃里，但它的文明巅峰时刻，足以让后人钦佩敬仰。

| 古籍中的蛟龙形象 |

《说文解字》中有记载：“蛟，龙之属也。池鱼，满三千六百，蛟来为之长，能率鱼飞置笱水中，即蛟去。”由此可见，蛟是龙的一种，既能在水中生存，也能在空中飞翔。《荀子》中说“积水成渊，蛟龙生焉”，《淮南子》中也说“蛟龙水居”，可见古人眼中的蛟龙形象，是与水分不开的。《淮南子》中还有关于蛟龙身份的记录：“介鳞生蛟龙，蛟龙生鲲鲠，鲲鲠生建邪，建邪生庶鱼，凡鳞者生于庶鱼。”这段记载，说明在古人眼中，水中的生灵有等级之分，蛟龙在其中的地位较高。

古人时常赋予蛟龙神秘与强大的力量，甚至在描述一些帝王诞生的场景时，也要附上蛟龙的元素。比如《史记》在讲到汉高

中国文字博物馆收藏的《说文解字》(黄西蒙 摄)

祖刘邦出生时，就有关于蛟龙附身的记录：

“高祖，沛丰邑中阳里人，姓刘氏，字季。父曰太公，母曰刘媪。其先刘媪尝息大泽之陂，梦与神遇。是时雷电晦冥，太公往视，则见蛟龙于其上。已而有身，遂产高祖。”

既然刘邦要被赋予真龙天子的身份，就难免要有神话色彩。而古人想到的神话元素，就是蛟龙。由此可见，蛟龙在古人心目中地位之高，神力之强。

在传统文化中，蛟龙与蛟，往往被视为同一种生灵。《山海经传》中有言：“蛟似蛇，四足龙属，其状鱼身而蛇尾，其音如鸳鸯，食者不肿，可以已痔。”有趣的是，古人不仅记录了蛟的声音像鸳鸯，还认为它可作药材。我们并不清楚古人是否真的见过甚至吃过它们，毕竟《山海经》的内容介于历史和文学之间，我们很难弄清其中的事实。但蛟作为一种常被提及的生灵，应该是毋庸置疑的。而且，关于蛟的外形，古人也有比较清晰的认知。

有研究者考证后发现：“古人所说的蛟应是在综合鳄鱼、大鱼、蟒蛇、牛等动物特点的基础上组合而成的一种具有神化色彩的动物……蛟的体形兼具鱼、蛇之形，正所谓‘鱼身而蛇尾’，且拥有四足……蛟为性情暴烈的食肉动物，攻击性强。”[1] 这些概括十分有趣，可以看出古人丰富的想象力，以及对于自然万物的

1　陈桂权：《中国传统文化中的“蛟”》，《文史知识》2012 年第 10 期。

河南濮阳“帝颛顼乘龙至四海”石像（黄西蒙 摄）

山西省博物馆收藏的彩绘龙盘（黄西蒙 摄）

观念。

由此可见，蛟龙或许在现实中并不存在，但它是传统文化中的常见形象，而它在现实中应该有一定的动物原型。这些原型未必是孤立的，也可能是多种生物形象杂糅后的产物。这种文化形象的“制造”过程，其实也是很多传统文化元素的演变路径。我们观察蛟龙的形象，其实也是进入中国龙文化的一个思路，由此发现更多蕴藏在传统文化中的价值和魅力。

第十五章

“夔龙”厘米级定位系统：上古传说的千年回响

2016 年 11 月 1 日，我国首个北斗全球“厘米级”定位系统——夔龙系统引发人们的关注，在这一天，“夔龙”的建设工作全面启动。

据官方介绍：“夔龙系统通过计算从全球 300 个以上的多系统卫星导航参考站所获取的观测数据，对传统的卫星导航定位中对于定位精度影响较大的轨道误差、时钟误差等参数进行精密修正，并通过 5 颗地球同步轨道卫星和 60 颗以上的低轨通信卫星星座，向卫星导航终端播发相关修正参数，将卫星导航终端定位精度提高到‘厘米级’。”不难看出，建设这一系统的意义重大。媒体在报道中曾这样评价：“随着夔龙系统建设及运营工作的逐步推进，我国工业界将拥有一把‘以厘米为刻度感知世界的天尺’，在国家‘一带一路’及‘走出去’战略中将发挥至关重要的作用。”[1]

夔龙系统里的“夔龙”是什么意思？或许不少人对此字的初始印象，就是笔画繁多。“夔”字本身虽然可能有些冷僻，但古人用“夔”做名字者并不少，比如南宋词人姜夔、清末政治人物陈夔龙等。其中确实有些典故，“夔”字背后也有丰富的历史文化内涵。

| “夔一足”：声音如雷的怪兽 |

《山海经·大荒东经》中记载夔是一条腿的怪物：“东海中有流波山，入海七千里。其上有兽，状如牛，苍身而无角，一足，出入水则必风雨，其光如日月，其声如雷，其名曰夔。”

这里明确记载夔没有角，只有一条腿，每次出现都会伴随着狂风暴雨，身上闪耀着光芒。或许古人也发现这怪物的声音像雷声一样大，便将它的皮做成鼓，在战争中会起到震慑敌人的效果。《山海经》中便有这样的记载：“黄帝得之，以其皮为鼓，橛以雷兽之骨，声闻五百里，以威天下。”

在后世，夔龙的形象往往出现在象征权力的器物上，比如一些玉佩和铜镜上的夔龙纹，就是夔威严形象的艺术象征。在一些研究资料中，我们可以看到这样的关于夔龙纹形象的记载：“通常以龙首为中心，首尾相接呈盘旋状，下半部横卷，大多数呈相

1 国资委官网：《航天科技集团启动建设首个北斗全球“厘米级”定位系统“夔龙系统”》，2016-11-02，http://www.sasac.gov.cn/n2588025/n2588124/c3831871/content.html.

清人吴任臣《山海经广注》里的“夔一足”

对对称式排列，并和其他龙纹配合使用。平面夔龙纹的形状多为上唇翻起如象鼻，有两翼的形状，通常的艺术手法是去掉后足保留前足，并将前足卷起做花枝状。”[1]

这类纹饰经过数千年的历史演变，至今仍是重要的传统纹饰文化元素。而早在上古时期，祖先们就已经利用夔龙纹来装饰器物，增加其威严色彩。

在今天的兰州市博物馆内，有一件藏品，名为西周夔涡纹青铜鼎。这上面的夔龙纹，为青铜器增色不少。相关资料显示：“（西周夔涡纹青铜鼎）口沿窄平，上有双立耳，深腹，三柱足。颈部上端纹饰以细密的云纹为底，上饰相对有夔龙纹，夔龙纹之间饰圆涡纹，共有六组夔龙。龙目为‘臣’字目。造型优美，线条简洁。敛口、平唇、鼓腹、最大腹径位于下腹部，圆底，下承三柱足，鼎耳立于平唇之上。鼎外壁近口沿处有图案装饰，以六个对称的圆涡纹为基点，把图案带分成六组等距离的区间，然后填饰云雷纹衬底的夔纹，图案简洁明快，庄重大方。”[2]

从夔龙的传说形象到夔龙纹，体现了古人的想象力与工艺制作水平，即便经过时光的淘洗，依旧能展现远古先民的智慧光芒。

---

1 杨儒茜、姚君：《汉代夔龙纹艺术特征研究》，《工业设计》2021 年第 6 期。

2 兰州市博物馆：《西周夔涡纹青铜鼎》，2020-08-21，https://www.163.com/dy/article/FKI2K5KH0514VCCB.html.

| “龙夔”：辅佐舜治理天下 |

从古文献中，我们可以得知，夔与龙还是两位贤臣的名字，他们生活在舜的年代，辅佐舜治理天下。

《尚书·舜典》是一篇记录舜之德行的文章，其中有这样的内容：“伯拜稽首，让于夔、龙。”其中，夔是乐官，龙是谏官。其中还记载了舜对夔的殷切期待：“夔！命汝典乐，教胄子，直而温，宽而栗，刚而无虐，简而无傲。诗言志，歌永言，声依永，律和声。八音克谐，无相夺伦，神人以和。”

在古代，礼乐关乎教化大事。乐官的言行举止，都在意识形

帝舜画像

态上影响着天下百姓，尤其是对年轻人影响巨大。其中，“胄子”具体指贵族的长子，而广义上也指年轻的民众，只有年轻人是正直而温和的性格，文明才能在稳定中存续传承。

“龙夔”中的另一位谏官便是龙，他也受到了舜的器重，舜对他提出了很高的要求：“命汝作纳言，夙夜出纳朕命，惟允。”古代圣贤的帝王，十分注重谏官的作用。谏官可以纠正帝王的错误，减少错误决策对民众的伤害。越贤明的帝王，就越尊重谏官。舜在龙的谏言下，可以更好地治理天下。

由此可见，夔龙作为传统文化元素，既有强大、权威的象征，也有贤明、美德的内涵，以夔龙命名大国重器，体现出国人的精神寄托，既是对历史文化的传承，也是对未来的美好希冀。

第十六章

“彩云”硬岩掘进机：彩云之南开辟通途

2017 年 8 月 1 日，“彩云号”在昆明中铁电建总装车间下线，这是中国自主研制的国内最大直径硬岩掘进机。当时，媒体就已经注意到，这项大国重器将在亚洲第一长铁路山岭隧道——大瑞铁路高黎贡山隧道的建设中发挥力量。

资料显示：“高黎贡山隧道全长 34.538 千米，是大瑞铁路重点控制性工程，为中国最长的铁路隧道、亚洲最长的铁路山岭隧道，其地质情况之复杂全国罕见。滇西南地区地质构造运动活跃、地质条件复杂，尤其是高黎贡山，普通钻爆法难以施工，西南地区采用世界最先进的大直径敞开式隧道硬岩掘进机进行施工作业尚属首次……‘彩云号’填补了国内 9 米以上大直径硬岩掘进机的空白，将改写我国铁路长大隧道项目的机械化施工长期受制于人的历史，也是国产硬岩掘进机首次应用于铁路隧道，标志

高黎贡山

着我国硬岩掘进机技术已经达到了世界领先水平。”[1]

2018 年 4 月 21 日，“彩云号”再次传来喜讯：“‘彩云号’TBM（硬岩掘进机）在云南大瑞铁路高黎贡山隧道成功穿越第一个地层交接涌水带，掘进里程突破 500 米，单日掘进最高达到 32.14 米，这标志着我国自主研制的最大直径 TBM 在铁路隧道首次成功应用，意味着高黎贡山隧道这座中国第一铁路长隧正稳步迈向稳产高产阶段。”[2]

这里提到的高黎贡山隧道，建筑工程难度很大，而“彩云号”强劲的能量，为尽早打通隧道发挥了有利作用。据媒体报道：“截至 2018 年 12 月，高黎贡山隧道出口正洞掘进超过 3000 米，其中‘彩云号’掘进超过 2200 米。”[3]很多喜欢地理与交通知识的人，都对这一铁路工程很感兴趣，也会为“基建狂魔”的建设能力大为震撼。“彩云号”不断推进隧道建设，也在不断增加人们对火车与铁路工程的兴趣。这里有个有意思的问题，为什么会有“火车迷”这个群体呢？分析这些粉丝的观念，我们也更能理解“彩云号”这类大国重器对中国基础设施建设的

1 澎湃新闻：《国产最大直径硬岩掘进机下线，将用于亚洲第一长铁路山岭隧道》，2017-08-04，https://www.thepaper.cn/newsDetail_forward_1752252.

2 国资委网站：《我国自主研制的“彩云号”TBM 在高黎贡山隧道成功应用》，2018-04-24，http://www.sasac.gov.cn/n2588025/n2588149/c8914137/content.html.

3 新华社：《前进！打穿高黎贡！》，2018-12-21，https://baijiahao.baidu.com/s?id=1620426865030935986&wfr=spider&for=pchttps://baijiahao.baidu.com/s?id=1620426865030935986&wfr=spider&for=pc.

意义所在。

| 开辟通途的火车为何让人着迷 |

近年来，在网络论坛、贴吧内外，活跃着一群被称为“火车迷”的群体。尽管很少有人对这个群体做过详细的调查，但它的确广泛存在，并集中在中学生、大学生与四十岁以下的年轻人群体里。顾名思义，火车迷就是一群喜欢火车的人，其中也有不少人会钻研更细致的领域，有人喜欢技术层面的东西，热衷火车机械、道路交通等，有人则偏爱铁路规划、车站信息。

不论是地理层面还是物理层面的喜好，火车迷大多喜欢线下考察，用内部行话来说，这叫“运转”。尤其是一些冷门线路和偏远小站，往往成为火车迷“运转”的目的地，既满足了大家的猎奇心理，也颇有“行万里路”的成就感。有趣的是，很多火车迷同时还是地图迷、公交迷，对地理与交通的热爱，是这个群体的普遍特征。不过，圈外人士很难理解火车迷的喜好，比如不远千里专门跑到山区，就是为了看一个凋敝的小站，还有一些火车迷有收藏火车票的癖好，尤其是一些特殊的站名。

比如，黑龙江有一个叫“宋”的火车站，是全国唯一的单字名火车站，它旁边还有一个火车站叫“羊草”，也是十分怪异，因此，“宋—羊草”这段区间，成了不少火车迷热衷的“运转”路线，至于“东方红—太阳升”这两个更具象征意义的小站之间的“运转”，更被火车迷津津乐道，但随着列车路线的调整，很多“经典运转路线”不断消失，尤其是绿皮火车越来越少（比如

云南铁路博物馆收藏的诸多火车“水牌”（黄西蒙 摄）

火车铁轨通向远方，引人无限遐思（黄西蒙 摄）

上述的“东方红—太阳升”区间就已经没有直通车），火车迷选择的“运转”范围也越来越窄。

从文化研究的视角来看，火车迷本身属于一种亚文化，只是因为火车迷不像其他亚文化群体那样敏感，外界对火车迷的看法，也大多会归为某种“雅癖”，甚至会认为这与科学素养、旅行探索有关。

其实，火车迷在国外也有很多，不仅在欧美国家有漫长的火车文化史，在日本也有很多热爱火车的人，甚至其中有不少人到了中年，还跑到世界各地拍摄火车、“运转”路线。相比之下，中国的火车迷产生时间较晚，这主要跟中国的铁路发展一度缓慢有关，但随着近年铁路建设的突飞猛进，以及普通人乘坐火车的日益廉价化，火车迷的“运转”也越发便捷。从这个意义上讲，火车迷本身就是现代性的产物，随着工业化的加速，火车文化进入大众视野，火车迷在消费它们的同时构建了本群体的身份认同，进而形成一个更加稳固、更具标签化的圈子。

但是，火车迷又带有现代性的某种迷思，作为一种亚文化的症候，它的内部存在着工业化思维的矛盾——既想实现交通能力的飞速提升，又想回归工业化早期阶段的“野蛮生长式”的状态，甚至想回到工业革命之前的“田园牧歌式”的状态。具体表现在爱好里，就是很多火车迷都想在绿皮火车上享受慢时光的惬意，但也喜欢在不断提速的高铁上体验飞驰的快感；一方面想拒绝工业化，另一方面却又十分依赖工业化。

这种矛盾的思维方式，构成了火车迷文化中的一个悖论，但从更开阔的视野来看，这实际上也是现代性的内在矛盾。在不少学者的惯用思维里，现代性就基本上等同于物质现代化，是一种不断前进的线性进程，但是，这种近乎工具化理性的思维，只是西方现代性的模式，在我国并不能简单套用这种文化模式。一方面，中国的现代性进程带有更多民族文化崛起的叙事，所谓的“反现代性的现代性”，在这个维度上也确有道理。另一方面，即便是在欧美国家，反西方工具化的现代性理念，也被不少学者所接纳。比如，加拿大学者查尔斯·泰勒就提出过“另一种现代性”——去工业化后回归自然，从自然生态中寻找现代性的力量，也未尝不是一条可参考的路径。

文化学者张杰在《火车的文化政治学》一书中，借助英国社会学家齐格蒙特·鲍曼的“流动的现代性”的理论，提出了火车文化中的“移动性”问题：“因其轻巧而移动得更快，因其快捷而更加充满多变性。”事实上，也正是这种“移动性”的特征，导致火车迷对速度感与力量感更加痴迷。

火车飞驰前行，连接了无数高山与谷地，沟通了无数城市与乡村。不论是坐在火车内，看着窗外加速流逝的风景，还是站在月台上，望着火车疾驰而过，看着激起的尘埃从铁轨上四处飘洒，都是个体与现代性的强大象征力量的直接“对话”。

| “彩云之南”的崇山峻岭 |

提起云南，人们都会想起“彩云之南”这个名字。一般认为，《云南通志》里这段记载，是此名的由来：“汉武年间，彩云

“彩云之南”独特的风光（黄西蒙 摄）

见于南中，遣吏迹之，云南之名始于此。”在西汉武帝时期，云南就属于南中地区，这里的风土人情与中原差异较大，给人留下了神秘的记忆。

在古人的认知里，云南地区远离中原，有崇山峻岭相隔，也一度是“化外之地”。但是，古代云南的文明其实同样灿烂，不论是早期的古滇国，还是后来的大理国，都在历史上留下了浓墨重彩的记录。

云南的山地高原地形，呈现着独特的地貌。根据官方资料的记载：“云南山地面积 33.11 万平方千米，占全省总面积的 84%；高原面积 3.9 万平方千米，占全省总面积的 10%；盆地面积 2.4 万平方千米，占全省总面积的 6.0%。地形以元江谷地和云岭山脉南段宽谷为界，分为东、西两大地形区。东部为滇东、滇中高原，是云贵高原的组成部分，平均海拔 2000 米左右，表现为起伏和缓的低山和浑圆丘陵，孕育着各种类型的岩溶（喀斯特）地貌；西部高山峡谷相间，地势险峻，山岭和峡谷相对高差超过 1000 米。5000 米以上的高山顶部常年积雪，形成奇异、雄伟的山岳冰川地貌。全省海拔高低相差很大，最高点海拔 6740 米，位于滇藏交界处德钦县境内怒山山脉的梅里雪山主峰卡瓦格博峰；最低点海拔 76.4 米，位于河口县境内南溪河与红河交汇的中越界河处，两地直线距离约 900 千米，海拔相差 6000 多米。”[1]

其中，高黎贡山是云南省的知名山脉，而“彩云号”开掘的隧道就位于高黎贡山，它位于云南横断山系的最西部。“高黎贡”最早出现在唐代的文献中，意思是“高黎家族的山”。这片区域对生态多样性有难得的呈现。通过自然保护区的方式来守护

1　云南省政府官网：《自然概貌》，2021-09-06，http://www.yn.gov.cn/yngk/gk/201904/t20190403_96255.html.

这片大自然生灵的栖息地，早已成为科学家的共识。

在官方报道中，高黎贡山被誉为“世界物种基因库”：“全球34个生物多样性热点地区，高黎贡山串起其中3个：中国西南山地、东喜马拉雅山地和印缅地区……新物种、新记录种在高黎贡山不断被发现。2016年发现新物种腾冲掌突蟾，2017年发现红鬣羚在我国的新纪录，2018年首次拍摄到云豹活动影像，2019年发现新物种腾冲齿突蟾，2020年发现顶果木、中华双扇蕨、印缅石蝴蝶3个新记录种。”[1]

高黎贡山的风景壮美而神秘，茂密的森林与瀑布的飞流，让这片土地更加令人神往。虽然如今的高黎贡山区人烟稀少，但在古代，南方丝绸之路亦途经此地。如今，随着国人科技水平的提高，“打通高黎贡”已经成为现实，我们的铁路建设正在不断走向远方。

---

1 新华社：《守护“世界物种基因库”——云南高黎贡山生物多样性保护记事》，2021-03-30，https://baijiahao.baidu.com/s?id=1695659376571302086&wfr=spider&for=pc.

第十七章

“天眼”巨型射电望远镜：探索世间无穷奥妙

“中国天眼”是近年亮相的最惊艳的大国重器之一。“中国天眼”简称FAST，是利用我国贵州独特的喀斯特地形而建造的高灵敏度的巨型射电望远镜。

在《光明日报》的报道中，曾这样生动描述“中国天眼”的形象：“山廓作眼睑，圈梁是眼眶，反射面板当眼球，馈源舱为瞳孔——高空看它，银色巨‘眼’，气象非凡：它的口径达500米，相当于30个足球场的接收面积，光反射面板就有4450块；除了大，值得骄傲的还有，它是世界上灵敏度最高的射电望远镜。”[1]

从2011年动工建设，到2016年落成使用，再到2020年正式开放运行，这一大国重器的诞生，可谓来之不易。中国科学院国家天文台研究员、“中国天眼”总工程师姜鹏在接受采访时

1　詹媛：《洞悉宇宙的“中国天眼”——五百米口径球面射电望远镜》，《光明日报》2022年1月25日第1版。

中国天眼

曾说：“FAST 建设的初衷就是在地球电磁波环境还能进行天文观测的时候进行天文研究……以南仁东先生为代表的中国科学家开始 FAST 的建设探索，开启了‘把不可能变成可能’的征途。最初从发展推动‘十一五’大科学装置来立项，最后走到现在成为世界上最大的也是最灵敏的单口径射电望远镜。”[1]

1 中国新闻社：《姜鹏：“中国天眼”为何能吸引世界瞩目？》，2021-11-22，https://export.shobserver.com/baijiahao/html/426430.html.

从规划到选址，从建设到使用，“中国天眼”是中国科学家智慧与汗水的结晶，中国的天文事业能得以不断前行，就离不开这些创造者与贡献者的辛勤努力。官方对“中国天眼”给出了很高的评价，在新闻报道中，我们也能看到它对科学探索的影响力仍在不断提升。如今，它已经发现300多颗脉冲星，并在宇宙探索中扮演着重要角色：“它让我国在快速射电暴领域的研究有重大进展……‘中国天眼’将助力我国科技强国之路走得更加坚实，为人类认识宇宙、探索外太空奥秘做出中国贡献。”[1]

“天眼”不仅是大国重器的名字，还是一项有趣的文化元素，其背后还有很多知识值得我们深入了解和思考。

| 打开“天眼”，俯瞰地球 |

虽然巨型射电望远镜“天眼”的功能是观测宇宙，但从传统文化意象的角度看，“天眼”不仅意味着向上遥望，也有打开视野、俯瞰天下的意味。我们在今天已经具备了较强的地理观测能力，而与之相关的对地名文化的总结与分析，也成为很多人津津乐道的事情。

2019年5月，第二次全国地名普查总结电视电话会议在北京召开。与此同时，“中国·国家地名信息库”启动开通。这个网站是可以搜索全国所有地名的数据库，在强大的数据支持下，很多有趣和有“内涵”的地名浮出水面。这个数据库与卫星地图

1　央视新闻：《中国天眼，世界“见”证》，2021-03-31，https://baijiahao.baidu.com/s?id=1695754215108098255&wfr=spider&for=pc.

结合在一起，让我们可以轻松查阅相关地名信息的同时，还能看到它们的清晰位置。这极大地方便了我们的日常生活，也增加了不少探索未知世界的乐趣。

中国村一级的行政单位可谓不可计数，从村名上可以看到很多有趣的信息。截至 2019 年 5 月，检索可知，中国有 1879745 个带“村”字的地名，在湖南省格外多，并集中在怀化、永州、娄底、郴州几个地方。中国有 439187 个带“庄”字的地名，在河南省格外多，驻马店、商丘、周口、南阳等地的“庄”格外集中。中国带“屯”字的地名有 182782 个，各种“屯”分布在全国各地，在哈尔滨、河池、百色、绥化等地格外多。中国带“沟”字的地名有 398480 个，在重庆格外多，其他分布地区也都是多山之地，比如承德、十堰、陇南等。

有些出乎意料的是，带“坟”字最多的地名不是北京，而是重庆，有 1315 个带“坟”的地名，北京只有 205 个——其中最

地名信息检索

有名的就是公主坟、索家坟等。重庆带“坟”的地名多是“坟×”的形式，而非“××坟”，且多集中在万州区和潼南区两地，比如万州区的坟嘴，潼南区的坟坝，确实因当地坟墓多或者有古墓才得名。

当然，还是“庄”分布的最平均，全国各地都有各种类型的“庄”。名字里带“庄”字的最有名的城市还是号称“国际庄”的石家庄市。还有比较罕见的“××（城市名）+庄”式的地名，比如，江苏省张家港市有个地方叫北京庄，原名“北经庄”，后来改为现名。

有北就有南，还真有南京庄。在山东省临沂市平邑县有个南京庄，从明朝万历年间就存在了，据说是有南京来的商人聚集此处，因此得名。还有一个南京庄，在山西省大同市左云县，原名“南金庄”，后改现名，与南京本义无关。另一个南京庄在云南省大理宾川县，确实与南京有关，据传曾有南京籍的僧人在此居住，故名南京庄。

那么，有上海庄吗？在江苏省盐城市响水县，有个村庄就叫上海庄，跟南边的那个上海市并无关系，只是因为在小海[1]的南端才得名——按照“上北下南”的逻辑，从村庄到水源地是要往北走的。

除此之外，以城市名命名的村名也是存在的，只是跟那些国际化大都市没有半点联系。在广西钦州市钦北区有个北京村，据

1　当地湖泊的称法。

说当地人认为原来村子的模样跟京城一样。甘肃省平凉市静宁县有个上海村，据说当地先祖叫张海清，其儿孙占据了两个道湾，一个是上张海清，另一个是下张海清，后来各取一字便合称“上海”。

四川省甘孜康定市有个杭州村，其附近还有个地方叫杭州沟，从文献上看到的解释，有的说杭州村得名于杭州沟，有的说杭州沟得名于杭州村，到底谁先谁后，就像“鸡生蛋还是蛋生鸡”的问题一样，恐怕是个永远的未解之谜。可能因为“西”和“安”两字特别常用，全国有好几个西安村，在北京就有一个，位于北京市房山区的大山深处。更神奇的是，西安市就有一个西安村，位于西安市临潼区，旁边还有个东安村，据称两处都曾是安姓人的聚集地，后来分为东安村和西安村。就连后起之秀的深圳也没有“逃脱”这个安排。深圳本来就是罕见地名，但在广东省英德市竟然有一个深圳村，其含义就跟“深圳”一样，顾名思义，就是深深的水沟的意思。

由此可见，地名与该地的历史文化、风俗习惯息息相关，很多外人看起来稀奇古怪的名字，在当地人来看可能稀松平常。有些地名真可谓“不避俗，不避丑”，也没有太多忌讳。

查询可知，全国共有 954 个带“死”字的地名，比如广西壮族自治区南宁市武鸣区的死佬，因当地之前有坟墓而得名。在武鸣有个地方叫那死，这是个壮语地名，“那”的意思是田地，当地曾因大旱而颗粒无收，农田荒废，才有了这个让人看不懂的名字。武鸣还有个地方叫死人山，因为这山里曾死过人，就有了这个可怕的名字。

古代民间有不少匪盗半路劫财杀人的传说，在一些人迹罕至的地方，这样的故事格外多。比如湖北省十堰市张湾区有个地方叫恶人床，据传在清朝嘉庆年间，此处有一恶霸专门抢劫路过的商客，因其身强力壮，周边百姓都很畏惧他。后来有个武举人路过此地，赶走了这个恶霸，但他曾经住过的地方和睡过的青石大床还在，便留下了这个地名。

巧合的是，在恶人床周围还有不少地名都很“凶恶”，恶人床西边有个恶人寨，得名于另一个恶霸。据相关资料，明朝末年曾有一人武艺超群，到京城参加武举却不中，返乡途中便停留至此，用石头建起一个小的山寨，长期居住下来，专门靠抢劫路过的商客为生，后来便留下了恶人寨这个地名。在恶人寨南边，还有个食人庄，据说曾有几头狮子在附近专门吃人，直到有道士来此作法，把狮子定成石头，才平息了这些隐患。

可见，地名跟当地的生态环境是否宜居、文化风俗是否野蛮都有关系。今人可能觉得有些地名实在不雅，便刻意用“雅名”来替换“丑名”。比如，北京密云有个地方叫丑山子，有相关历史典故，据说当地曾有个妙龄女子在山顶的古庙里居住，后来有个老爷在对面山上又建了个庙，整天在山顶的庙里环顾四周，女子发现后深感不快，便离开此处，不知去向，后人便称此地为“瞅山子”，后来谐音化为丑山子。有趣的是，今人可能觉得此名不雅，在附近修了一条路，名为不丑路，沿此路由北向南，可以从丑山子到密云水库。

这些看似不雅致的地名，其实正是古代务农生活方式的原生态呈现。比如，全国共有771个带有“牛屎”二字的地名，基本上都是因为当地养的牛多。广西桂林市灌阳县有个牛屎塘，古代此处放牛的多，牛粪也多，因此得名。类似的情况还有不少，形象地体现了古代劳动人民的想象力。比如河北保定有个地方叫一泡尿三县，因为此处正好位于曲阳、唐县、阜平三地交界点上，才有了这个俗气却生动的名字。类似的“形象式得名”还有吓一跳山，它在吉林省辽源市东辽县，此处曾是猎人狩猎的地方。据传在清朝光绪年间，有个猎人在此遇到一只老虎，本来以为是只生病的老虎，可以唾手可得，没想到老虎突然跃起，让猎人惊恐地逃走了，因此得名“吓一跳”。

还有一些十分吊诡的地名，让人更加摸不着头脑，但可能是音译所致的误解。比如，河北省张家口市张北县有个村子叫宇宙营，是因为清朝宣统年间有蔚县人迁徙至此，蔚县原名蔚州，故名“蔚州营”，后来谐音变成宇宙营。值得注意的是，蔚县的“蔚”此处读 yù，而不是 wèi，这样看来，“蔚州”谐音“宇宙”也不算太奇怪了。内蒙古克什克腾旗有个地方叫宇宙地，是个小镇，附近还有个小火车站叫宇宙地站。为什么在内蒙古会有一个宇宙地，一直有很多解释，有谐音说，还有观点认为它跟辽朝当地的王公有关，但真相如何，难以得知。

还有近年在网上走红的“囧”字，其实不是个新字，也有个别地名里带“囧”字。比如，湖南省郴州市桂东县有个村子叫囧前，据说是清朝当地一个乡绅起的名字，意思是“光明前进”。

西藏地名里带“囧”字的格外多，比如在那曲申扎县有个地方叫囧仓，在藏语里，这是“鸟类巢穴”的意思。当地还有个小村子叫杂布囧雄，它在藏语里的意思是“小沼泽”。

还有一类奇怪的地名与古代名人有关，尤其是三国人物，因其在民间知名度高，常被拿来用在地名，但也不尽然都得名于此，还有一些情况属于意外的巧合。比如，四川省内江市隆昌市有个曹操店，据说清朝时当地人崇拜曹操，因此得名。而广西壮族自治区南宁市隆安县有个地方叫塘曹操，据说这里有个池塘曾经属于一个叫曹操的人，但显然不是历史上那个著名的曹操，应该是重名，但这个“小人物”曹操到底有什么事迹，令人一无所知。

河北遵化有个地方叫刘备寨，当地有座山很像牛的背部，因此得名“牛背寨”，后来谐音改为刘备寨。还有一个刘备村在邯郸市永年区，也跟三国时期的刘备无关，是因为曾经在战乱时期有个刘姓将军在此避难，得名“刘避村”，后来改为“刘贝村”，最后谐音为刘备村。类似的情况还有孙权庄，它位于河南省南阳市方城县，是由孙庄和权庄两村合并而成的，因此得名，与三国时期的孙权并无关联。

还有因政治概念而得名的地名，但随着历史的变迁，这样的地方越来越少，大多都改名了，但仍有极少的地名将历史记录了下来。比如，广西壮族自治区贺州市钟山县有个土改岭，广东省惠州市惠阳区有个红专村，江西省宜春市奉新县有个知青场。这些地名背后大多有一段隐秘的历史，但因为不被人关注，也就逐渐消失在时间的长河里了。

地名变迁与修正是一个普遍的现象，一些地名因为过于烦琐，不便使用，也会慢慢被更改。网上热传有个“中国最长地名”，是在甘肃省的那然色布斯台音布拉格，共10个字，据说得名于瑞典探险家斯文·赫定。另外在安徽省萧县，有个鞭打芦花车牛返村，我们在电子地图上能搜到这一地点，其全称为孝哉闵子骞鞭打芦花车牛返村，得名于闵子骞鞭打芦花、芦衣顺母的故事。

但仔细查阅后可以看到，在已经废止的现代地名里，还有更长的名字。比如，在新疆阿勒泰地区吉木乃县喀尔交镇，附近曾有个地方叫喀尔交吐尤克达格阔拉斯，附近还有个地方叫吐尔逊汇汗恩达格阔拉斯，共11字。在新疆阿克苏地区的温宿县，曾经有个地方叫吉日木塔勒土皮斯地开乔喀，共12字，此地也已经消失。如果不被记录下来，这些地名很难为人所知，而更多的奇特地名及其背后的历史典故，也因资料匮乏，一点点湮灭在历史的尘埃里。

打开“天眼”，我们才有了更强的观测能力，不仅是天文观察，我们对地理的了解也与之相关。随着科技的发展，我们对地理信息的掌握能力也越来越强，加上大数据技术的支持，我们才能随意检索相关信息，并从中获得更多知识与探索未知的快乐。

| 文学中的“天眼”：审美境界与心灵书写的象征 |

在中国的神话传说中，“天眼”时常被视为神祇具备的特殊能力。比如二郎神，就有第三只眼，也被称为“天眼”。明代嘉

明代画家陆治《二郎搜山图》中的二郎神形象

靖年间，有一本名叫《二郎宝卷》的书，就详细记载了二郎神的“天眼”形象：“天眼开，观十方，如同手掌。极乐开，斗牛宫，都在目前。常显化，天宫景，无边妙意。明历历，才看见，景致无边。”

不过，《西游记》里描写二郎神形象时，并未提及“天眼”，而是侧重描述其英俊之气：“那真君的相貌，果是清奇，打扮得又秀气。真个是——仪容清俊貌堂堂，两耳垂肩目有光。头戴三山飞凤帽，身穿一领淡鹅黄。缕金靴衬盘龙袜，玉带团花八宝妆。腰挎弹弓新月样，手执三尖两刃枪。”

到了后世文人学者的笔下，“天眼”的形象被不断泛化，不再只是神祇的特征，而是成为一种深入心灵世界的“法宝”。我们可以说，当一个作家打开了文学的“天眼”后，才能更真实和深刻地直面人类心灵深处，将其中隐藏的丰富世界展现出来。

要说文学里的“天眼”，我们先来看看王国维先生在1905年写的这首《浣溪沙·山寺微茫背夕曛》：

“山寺微茫背夕曛，鸟飞不到半山昏。上方孤磬定行云。试上高峰窥皓月，偶开天眼觑红尘。可怜身是眼中人。”

此作颇有意境，不仅是慨叹人生，也被后世视为诗文创作的感悟。尤其是“偶开天眼觑红尘”一句，更有岁月淘洗后的唏嘘与落寞感。登高望远，看到茫茫人间，感悟到自己也不过是与他人一样的俗物罢了。当曾经的激情散去，留下的只是萧索与淡然。

其中“天眼”这一意象，也是文人的审美境界与心灵书写的象征。王国维关于“境界论”的经典论述，出现在《人间词话》中：

“古今之成大事业、大学问者，必经过三种之境界：‘昨夜西风凋碧树。独上高楼，望尽天涯路。’此第一境界也。‘衣带渐宽终不悔，为伊消得人憔悴。’此第二境界也。‘众里寻他千百度，蓦然回首，那人却在，灯火阑珊处。’此第三境界也。”

王国维能有如此精妙的概括，离不开他对中西哲学的深入研究。王国维有深厚的国学功底，又通晓西方现代哲学，站在中西哲学文化的交汇点上，他的审美境界自然远胜同时代的多数学者。王国维在词中提到的“天眼”，也是文人学者深入心灵世界的关键所在。不论是古代中国还是西方近现代，具备如此“天眼”的人，更容易书写心灵深处的丰富与复杂。

奥地利作家茨威格就是这样一位具备文学“天眼”的人。与其他知名作家相比，茨威格的文字分辨识度非常高，他的句子绵延缠绕，长句甚多，兼有大量心理独白与情绪描写，这对翻译工作提出了不小的挑战。

有趣的是，茨威格这种文风与重视感悟式文化的中国文学有不少相似之处，虽然茨威格并没有受到中国古典文学风格的影响，却在精神维度上达到了惊人的一致，这也让广大中国读者颇有同感，对这位远在奥地利的欧洲作家容易产生亲近感。

不过，茨威格这种细腻绵延的文风，一直以来也颇受争议。认同茨威格文风的人，将他视为文学世界里的弗洛伊德，将他看成心灵的捕手。但也有人无法忍受茨威格大量近乎呓语的绵长句子，尤其是那些毫无节制的情绪书写，还有大段缺少短句节制感的段落，让一些读者惊呼阅读茨威格会有“密集恐惧症”。或许，连茨威格本人也意识到了这个问题，但他并没有因此改变自己的文风，这一方面实在是因为“江山易改，本性难移”，更重要的是因为，产生如此文风，与茨威格的文学灵感及思维方式息息相关。

茨威格终其一生都是一个真正的理想主义者，而且是一个思想与情感极其独立与敏感的创作者。出身优渥的茨威格早年经历十分顺遂，他与当时所有沐浴着欧洲19世纪文明光辉的青年一样，坚定地认为未来的世界是美好的，老欧洲的贵族文化也将长期存在。但是，残酷的“一战”彻底撕裂了这些单纯的幻想，20世纪初的世界是一个战火纷飞、天崩地裂的世界，茨威格看到自己曾经认同与坚守的世界不断崩溃，昔日帝国的荣光逐渐烟消云散，他在无力反抗现实的同时，也把自己逼上了一个精神的绝路。

因此，茨威格最终选择自杀，而且是在没有看到“二战”胜利曙光的情形下，选择以决绝的姿态告别人世。这并非因为他怯懦，而是因为他不愿看到理想主义被玷污与毁灭的惨痛悲剧。对他这样一个真正的和平主义者与世界公民而言，不愿意任何一个弱小民族被强权者践踏，也不愿意看到自己信仰的价值观念在现实世界中逐步崩塌。节制的短句，不适合茨威格如此浓烈的情感的抒发，也无法呈现他的文学观念——从心灵世界来反观现实，捕捉最敏感的情绪，用最细腻的笔法将它们呈现出来。

不论是《人类群星闪耀时》还是《昨日的世界》，茨威格在写作中都表达了一种强烈的挽歌情绪。茨威格及其家庭的荣光属于19世纪的欧洲，但当历史走入逼仄的空间与惨烈的现实后，他却不得不面对现实。因此，在“一战”之后，茨威格就已经敏锐地捕捉到一种古典世界崩塌的感觉——这种意识是非常超前的，很多作家直到“二战”结束后，才意识到这一文化状态。但是，茨威格毕竟不是政治学者或社会学家，他不会用精准的学术语言来描述时代的变化，他的笔下依然是那些看起来微不足道的个人情绪与心理叙事。但从审美的层面看，这种精巧绵密的心灵书写，是更具文学性的，也是真正能做到历经时光淘洗而历久不衰的。

茨威格在《昨日的世界》中曾写道：“我所讲述的，并不单单是我的命运，而是整整一代人的命运。我们这一代是独一无二的，历史上几乎没有哪一代人像我们这样命途多舛。我们当中的每一个人，哪怕是最渺小、最微不足道的人，内心的最深处也被我们欧洲大地上无歇止的、火山喷发般的天摇地动所搅扰。”事实的确如此，在茨威格的精神世界中，自我与世界的关系是浑然一体的，过去一些现实主义作家将个体的精神状态与社会精神症候分离的写法，在他这里被改变。

从创作内容上看，茨威格对一些社会经济现象并非不感兴趣，但他从来不会从这个逻辑上书写，而是完全依照心灵的逻辑来看待历史与当下的一切。他可以遥想千年拜占庭帝国陨灭的时刻，将大时代下诸多小人物的悲欢离合真实地呈现出来；也可以与兵败滑铁卢时的拿破仑心心相印，用超强的同理心去走近那些大人物的命运转折时刻。但是，当他真正理解笔下的这些人物时，却感到一种世间普遍存在的悲剧感，认识到人生的有限与命运的不可预测。

一个作家的文风与他的思维方式密不可分，绵延细腻的语句背后，是一位理想主义的心灵捕手，这也是茨威格作品最独特的魅力所在。与茨威格相似，中国晚唐诗人李商隐也十分善于心灵书写，他是一位充满魅力和个性的文人，他诗作中的忧伤之美，也令千百年来的读者回味无穷。

尤其是李商隐的《无题》一诗，虽然没有“标题”，却引人遐想，回旋百转的感情、复杂的情思是其魅力所在。人们不会忘记“锦瑟无端五十弦，一弦一柱思华年”，也记得“相见时难别亦难，东风无力百花残”；还有“昨夜星辰昨夜风，画楼西畔桂堂东”，以及“重帏深下莫愁堂，卧后清宵细细长”也是千古名句。

其实，在历史面前，李商隐也有“天眼”式的文学表达能力。对于马嵬坡的故事，李商隐写道：

“海外徒闻更九州，他生未卜此生休。
空闻虎旅传宵柝，无复鸡人报晓筹。
此日六军同驻马，当时七夕笑牵牛。
如何四纪为天子，不及卢家有莫愁。”

想起贾谊的故事，李商隐写道：

“宣室求贤访逐臣，贾生才调更无伦。
可怜夜半虚前席，不问苍生问鬼神。”

李商隐的诗歌《咏史》，亦颇有屈原《天问》之风：

“历览前贤国与家，成由勤俭破由奢。
何须琥珀方为枕，岂得真珠始是车。
远去不逢青海马，力穷难拔蜀山蛇。
几人曾预南薰曲，终古苍梧哭翠华。”

文学中的“天眼”不仅让作家拥有了超越凡人的表达能力，也给后世留下了丰富的精神养料。不过，尽管中西方的古代文学作品中都有一些心理层面的叙事，但探索心理学、将心灵世界的问题视为科研，则是近现代之后的事情了。

| 心理学中的“天眼”：中西文化哲学的融合 |

站立在中西方哲学文化交会点上看待心理学，则更能接近王国维笔下的“天眼”境界，这是超出自身文化思维局限的感悟，是基于多元的知识背景的深入探索。从这个层面上看，心理学家荣格走得更远，甚至超出了心理学的宗师级人物弗洛伊德。

1961 年 6 月 6 日，心理学家荣格在瑞士的家中，走完了自己探索心灵世界的一生。尽管后世很多人将荣格与弗洛伊德并称精神分析流派的最伟大的心理学家，但荣格对人类精神世界的探索之深，涉及领域之广，远远超出世人的想象。

虽然荣格的早年思想脱胎于弗洛伊德，但在中年后逐渐与之分道扬镳，到了晚年又深入研究东方哲学，真正打通了中西方文化对心灵世界的研究通道。晚年荣格留下了大量的手稿，直到近年才被公之于众，这些近乎天书的内容以《红书》为名公开出版，但面对那些玄奥的图像与梦呓般的文字，后人依然很难读懂。就像后人花了几百年时间，都没有完全理解达·芬奇在文艺、哲学与科学上的造诣一样，解读荣格恐怕将会成为很长时间内，学术界都不得不面对的难题。

与其他蜚声世界的西方思想大师不同，荣格与中国有着千丝万缕的联系。虽然他没有长期在中国生活的经历，但他在精神世界上，却长期与古代中国的哲学和宗教思想密切对话，如同游弋在哲思之海上的一叶扁舟，在东方智慧中汲取心灵的能量。荣格之所以能理解中国“直觉式”的哲学思维，与他常年对梦的解析和研究密不可分。因此，尽管我们不能将荣格的思想与弗洛伊德简单作对比，但不可否认的是，弗洛伊德对荣格早期的研究影响极大，可以说是“精神教父”。

在精神分析学说还没有成为学术界主流之时，两人就在潜意识与梦的研究上有着志同道合的关系，弗洛伊德还帮助荣格建立了一套初步分析梦境的方法论，这些思想在其知名大作《梦的解析》中都有体现。荣格在青年时代就展现了对释梦的兴趣，并十分认同弗洛伊德通过潜意识来分析人的性格与精神状况的路子。

然而，随着研究的深入，二人的分歧也越来越大。后世研究者普遍认为，是两人在研究路子上出现了矛盾，其中最关键的点，就是荣格始终不赞同弗洛伊德从性欲与性本能的角度出发来解读梦境乃至人的精神状况，而性欲理论又是弗洛伊德的精神分析理论之根本，动摇了这个根本，也就威胁到了弗洛伊德搭建的整座精神分析的理论大厦。表面上看，这是理论上的争执，但从根本上看，是因为两人的方法论乃至思维方式有根本区别。荣格在思维方式上更倾向于直觉感悟式的路径，不希望把梦境与潜意识当成一种生物学上的唯物论研究的对象；而弗洛伊德的思维方式，依然没有脱离 19 世纪理性主义的影响，他对荣格十分感兴趣的神秘学缺乏认同与理解。

荣格与弗洛伊德的分道扬镳，不仅是他个人在精神探索方向上的转向，于今来看，其实也是精神分析学说潜在危机的凸显。与其说荣格是在借助哲学沉思的精神来补充当时心理学研究存在的漏洞，不如说他已经超越学科的边界，并不只是在心理学研究层面思考问题，而是将自己纳入一个全新的认知空间，用与前人迥异的思路来开掘更深层的研究。

荣格在西方找到的精神养料是炼金术，与之相对的东方养料，就是中国古代哲学与宗教思想，具体而言，就是道教思想，其思考的精粹便蕴藏在《金花的秘密》一书中。这本《金花的秘密》虽已经在国内出版，但并不为人熟知，相比荣格早期的那些精神分析领域的名著，它显得十分神秘，却又诡异莫测。远在西欧的荣格，获取东方神秘哲学的方法，其实也只能通过阅读书籍，而在此之前，他对欧洲中世纪的炼金术与神秘学已经有了较深入的研究。这些被其他科学家看不上眼的东西，甚至当成所谓的“歪理邪说”的东西，在荣格的精神世界中，却是打通中西、联通古今哲学奥义的关键要素。

1928 年，汉学家卫礼贤给荣格寄送了一本《太乙金华宗旨》的德文译本，这本书本来是中国道教思想的经典文本，相传是吕洞宾所著，主要是告诫世人要修养心性。荣格看到《太乙金华宗旨》时，可谓又惊又喜，其中讲到修为之后可以看到的曼妙事物，竟与他看重的曼陀罗有异曲同工之处。

荣格从此便找到了远在东方的知音，并将道教思想中的整体观照思维，融入自己的心理学研究中。原本来自佛教思想的曼陀罗，也成为荣格分析精神世界的关键渠道。在手稿中，荣格绘制的各种奇妙玄奥的曼陀罗，成为后世揣测其中晚年思考的解码器。而因荣格的影响力，曼陀罗心理学也成为分析人类精神状况的一个热门领域。

在《金花的秘密》一书中，荣格一针见血地指出：“西方人的意识绝不是一个普遍意义上的意识，而是一个受着历史和地理因素局限的意识，只代表了人类大家庭的一部分。我们意识的扩展不应以牺牲其他不同种类的意识为代价。”事实上，到了晚年的荣格，早就摒弃了西方中心论的固有思维，它从心理学研究入手，发现中西方文化在精神世界探索上的共通之处，也意识到了西方理性主义的缺陷。

《太乙金华宗旨》让荣格更清醒地看到自己对集体无意识的研究，与古代东方的哲学奥义也有一脉相传之处，而我们也需要用更加全面与多维的视角来看荣格的研究。荣格创造的那些知名的心理学概念——人格面具、阿尼玛、阿尼姆斯、阴影、自性等，也具备了更多超越心理学视阈的可能性。作为深入探索人类心灵世界的学科，心理学并不能被简单归为科学主义或者神学思维，而是一门具备更加广泛与开放的方法论的学科，这也是荣格对今天的思考者的启发。

不论是在文学创作还是在心理学研究中，通过打开“天眼”来观察世界、理解人心，都会给我们带来巨大的精神价值。在人类文明的演进中，我们离不开诸多思考者的“天眼”，而面对茫茫宇宙的未知世界，“天眼”也将帮助我们探索无穷的奥妙。

第十八章

“鸿雁”星座系统：徜徉在空中的悠扬旋律

为了实现更强的通信能力，我国的“鸿雁”全球卫星星座通信系统应运而生。2018 年 7 月，新华社报道：“‘鸿雁’全球卫星通信星座由数百颗低轨卫星组成，以星间链路实现卫星空间组网，计划在 2018 年下半年发射星座首颗星，预计于 2023 年建设骨干星座系统。”用时任中国空间技术研究院院长张洪太的话说，其意义十分重大：“未来，这个星座将在 5G 物联网、移动广播、导航天基增强、航空航海监视等场景中，为全球各地的人与物实现移动通信保障与宽带通信服务。”[1]

“鸿雁”星座系统是如何实现精准识别与定位的呢？据相关资料介绍：“该系统将搭载船舶自动识别系统，可在全球范围内接收船舶发送的信息，全面掌握船舶的航行状态、位置、航向等，实现对远海海域航行船舶的监控及渔政管理；还将搭载广播

1　新华网：《我国将发射“鸿雁”全球卫星通信星座首星》，2018-07-12，http://www.xinhuanet.com/politics/2018-07/12/c_129912522.htm?baike.

式自动相关监视载荷，可从外层空间对全球航空目标进行位置跟踪、监视及物流调控，增强飞行安全性及突发事故搜救能力。”[1]与此同时，它对服务业的发展也大有裨益：“服务企业信息网络、实现交通运输信息服务升级、降低电信运营商成本、助力智慧物联的农牧业与物流产业、推动新航行系统建设，等等，这些都是‘鸿雁’星座在实现信息普惠时可以大显身手的。”[2]

鸿雁本来是一种鸭科雁属的候鸟，而在传统文化中，鸿雁有着美好的寓意，它象征着迁徙，也隐喻着思念。在交通不发达的过去，很多人将对远方亲友的情思寄托在鸿雁身上，也由此产生不少典故与佳句。

| 苏武牧羊与鸿雁传书 |

有关鸿雁传书最经典的掌故与苏武牧羊有关。苏武的忠君报国形象，一直闪耀在中国的历史长河中。他对信念的执着以及饱满的家国情怀，一直被后世称道。

李白有诗《苏武》赞叹：

“苏武在匈奴，十年持汉节。

---

1 人民网：《我国计划 2020 年建成“鸿雁星座”》，2016-11-03，http://scitech.people.com.cn/n1/2016/1103/c1057-28830276.html.

2 中国航天科技集团网站：《航天科技集团“鸿雁”星座研制进展与未来应用展望》，2018-11-09，http://www.spacechina.com/n25/n2018089/n2018146/c2019047/content.html.

明代绘制的苏武画像

白雁上林飞，空传一书札。
牧羊边地苦，落日归心绝。
渴饮月窟冰，饥餐天上雪。
东还沙塞远，北怆河梁别。
泣把李陵衣，相看泪成血。”

其中提到了几个典故，都非常值得品读。经过文景之治的积累，到了汉武帝时期，汉朝已经具备了与匈奴决战的实力，也更加无法容忍那些背叛朝廷的人。苏武被迫滞留在匈奴手中，不愿投降，又无法寻死，只能默默忍受着岁月的摧残，在异国他乡待了十九年，才终于回到故土。

《汉书》对苏武这段历史的记载，即便在今天看来也是字字泣血：

“单于愈益欲降之，乃幽武置大窖中，绝不饮食。天雨雪，武卧啮雪与旃毛并咽之，数日不死。匈奴以为神，乃徙武北海上无人处，使牧羝，羝乳乃得归。别其官属常惠等，各置他所。武既至海上，廪食不至，掘野鼠去草实而食之。杖汉节牧羊，卧起操持，节旄尽落。”

匈奴放话出来，只有等到公羊生出小羊来，才会放苏武回国，这明显就是要断了苏武的念头，逼迫他投降。但是，苏武日日夜夜都守护着象征大汉身份的符节，即便匈奴单于把他流放到北海（一般认为是今天的贝加尔湖），逼他绝食，他也矢志不渝，始终守住了气节。

李白诗中提到的李陵，与苏武是旧相识，都曾经做过侍中。李陵是著名的“飞将军”李广的孙子，但他出征匈奴、战败被俘后，就投降匈奴了，在异国待了二十多年。《汉书》上记载李陵曾经劝降苏武，其中言语可谓晓之以理，动之以情，但仍未动摇苏武的意志。这段对话令人读来十分痛心：

“单于闻陵与子卿素厚，故使陵来说足下，虚心欲相待。终不得归汉，空自苦亡人之地，信义安所见乎？前长君为奉车，从至雍棫阳宫，扶辇下除，触柱折辕，劾大不敬，伏剑自刎，赐钱二百万以葬。孺卿从祠河东后土，宦骑与黄门驸马争船，推堕驸马河中溺死，宦骑亡，诏使孺卿逐捕不得，惶恐饮药而死。来时，大夫人已不幸，陵送葬至阳陵。子卿妇年少，闻已更嫁矣。独有女弟二人，两女一男，今复十余年，存亡不可知。人生如朝露，何久自苦如此！陵始降时，忽忽如狂，自痛负汉，加以老母系保宫，子卿不欲降，何以过陵？且陛下春秋高，法令亡常，大臣亡罪夷灭者数十家，安危不可知，子卿尚复谁为乎？愿听陵计，勿复有云。”

如果从实际恩惠来说，苏武对汉武帝的忠诚，似乎有些“不近人情”。他一家人都把性命献给了朝廷：苏武的大哥苏嘉担任奉车都尉一职，有次扶着皇上车驾的时候，不小心碰到柱子，结果车辕被折断了。虽是无心之过，但这在当时是大不敬之罪，苏嘉因此自刎而死。苏武的弟弟苏贤跟着皇上去祭祀，骑着马的宦官与驸马争相上船，不料驸马被推到河里，溺水而亡。原本该担责的宦官逃跑了，皇上命令苏贤去追捕这宦官，他没追到，在惶恐不安之中服毒身亡。而在此之前，苏武的父亲苏建也因为出征失败而被皇上判死，后来被人拿钱赎了出来，贬为庶人。但是，苏武并没有因此而怨恨皇上，反而对信念更加坚定，誓死不降，绝不愿辜负君上的希冀。他只好这样回应李陵：

“武父子亡功德，皆为陛下所成就，位列将，爵通侯，兄弟

亲近，常愿肝脑涂地。今得杀身自效，虽蒙斧钺汤镬，诚甘乐之。臣事君，犹子事父也。子为父死亡所恨。愿勿复再言。”

正是因为苏武宁可杀身成仁的决绝，以及在北海荒凉之地坚

如今冬季的贝加尔湖

守十九年的毅力，才让他的精神感动了众人，即便是李陵也不得不感喟苏武的忠诚。

后来，苏武听说汉武帝驾崩的消息，向南呕血痛哭，而且从早到晚，每天凭吊痛哭，长达数月之久。汉昭帝继位后，派使者向匈奴索要苏武，但匈奴不肯放人，只好胡编乱造，说苏武已经死了。汉朝使者颇有头脑，就讲了这样一个小故事：

“教使者谓单于，言天子射上林中，得雁，足有系帛书，言武等在荒泽中。使者大喜，如惠语以让单于。”

这便是鸿雁传书的由来。匈奴听到使者这样说，便知道搪塞不过去了，只好放人。苏武回到汉朝，得到巨大的荣耀，《汉书》中有记载：“诏武奉一太守谒武帝园庙，拜为典属国，秩中二千石，赐钱二百万，公田二顷，宅一区。”不过，苏武的晚景依然凄凉，他的儿子苏元因为参与上官桀的叛乱而被杀。在当时因此被灭族的大臣不在少数，如果不是苏武为汉朝立下了巨大功勋，是朝廷树立的忠臣榜样，也难免被株连。

苏武一直活到八十岁才去世，在当时显然是高寿了，但他的一生实在太坎坷，尤其是在北海漫长的日子，绝非一般人可以忍受。正因为此，苏武成为一位极具忠诚与坚韧气质的人物，与之相关的鸿雁元素，也被赋予深厚的感情色彩。不论是家国情怀还是男女情爱，都通过鸿雁传书来传情，成为后世常见的文化现象。

| 鸿雁的诗文意象 |

早在《诗经》中，鸿雁的意象就已经出现。在《诗经・小雅》中有一篇《鸿雁》，很值得细细品味：

“鸿雁于飞，肃肃其羽。之子于征，劬劳于野。爰及矜人，哀此鳏寡。

鸿雁于飞，集于中泽。之子于垣，百堵皆作。虽则劬劳，其究安宅？

鸿雁于飞，哀鸣嗷嗷。维此哲人，谓我劬劳。维彼愚人，谓我宣骄。”

虽然《诗经》的文字不算晦涩，但上古汉语毕竟距今太远，在此，我们借助《先秦诗鉴赏辞典》中的白话译文，来看看这首诗到底在讲什么：

“鸿雁翩翩空中飞，扇动双翅嗖嗖响。那人离家出远门，野外奔波苦尽尝。可怜都是穷苦人，鳏寡孤独心悲伤。鸿雁翩翩空中飞，聚在沼泽的中央。那人筑墙服苦役，先后筑起百堵墙。虽然辛苦又劳累，不知安身在何方。鸿雁翩翩空中飞，阵阵哀鸣声嗷嗷。唯有那些明白人，知我作歌唱辛劳。唯有那些糊涂虫，说我闲暇发牢骚。”

不难看出，这首诗中的“鸿雁”意象与爱情关系不大，而是象征了劳动人民迁徙奔波的形象。《鸿雁》在《诗经》中，应该属于偏重现实主义风格的作品。了解《鸿雁》背后的故事，也会帮助我们进入那个朴素的上古社会，对遥远祖先们的生存状态更加理解。

在后世的诗词与小说中，鸿雁更是个常见的意象。比如，初唐诗人张若虚的名篇《春江花月夜》中有言：“鸿雁长飞光不度，鱼龙潜跃水成文。”天才文人王勃在《蜀中九日》中说：“人情已厌南中苦，鸿雁那从北地来。”

北宋词人晏殊在《清平乐》中写道：“鸿雁在云鱼在水，惆怅此情难寄。”他还在《诉衷情》中说：“流水淡，碧天长。路茫茫。凭高目断。鸿雁来时，无限思量。”唐宋八大家之一的苏辙在《水调歌头》中叹道：“离别一何久，七度过中秋。去年东武今夕，明月不胜愁。岂意彭城山下，同泛清河古汴，船上载凉州。鼓吹助清赏，鸿雁起汀洲。”

要说关于鸿雁传书的意境渲染得最动人的作品，则绕不开李清照的千古名篇《一剪梅·红藕香残玉簟秋》和《声声慢·寻寻觅觅》，这两首词的创作背景不同，前者是李清照早期作品，在新婚不久后，表达对远方夫君的思念之情，后者则是李清照面对国耻家恨时的痛感，其中意味很值得细细品读：

《一剪梅》

红藕香残玉簟秋。轻解罗裳，独上兰舟。云中谁寄锦书来？雁字回时，月满西楼。

花自飘零水自流。一种相思，两处闲愁。此情无计可消除，才下眉头，却上心头。

《声声慢》

寻寻觅觅，冷冷清清，凄凄惨惨戚戚。乍暖还寒时候，最难将息。三杯两盏淡酒，怎敌他、晚来风急！雁过也，正伤心，却是旧时相识。

满地黄花堆积，憔悴损，如今有谁堪摘？守着窗儿，独自怎生得黑！梧桐更兼细雨，到黄昏、点点滴滴。这次第，怎一个愁字了得！

《一剪梅》中的“花自飘零水自流”与晏殊在《浣溪沙》中的“无可奈何花落去”有异曲同工之妙，呈现出淡淡的忧愁，以及宋代特有的内倾之美。

李清照所处的时代同样如此，像晏殊那样的内倾型审美趣味，以及淡淡的愁思，在她的诗作中也有体现，但她面对的却是一个山河破碎的时局，南渡之后的文人，普遍都有一种难以抹去的伤感。即便看到传信的鸿雁，也会联想到自身与国家的坎坷命运，只好慨叹“雁过也，正伤心，却是旧时相识”。

在此之后，“鸿雁”意象更加丰富饱满，不论是抒发家国情怀，还是咏叹情爱之思，都是文人墨客常用的意象。在《红楼梦》中，相关意象与情节也十分吸引人，比如书中这段“呆雁”的故事，相当有趣。曹雪芹在第二十八回《蒋玉菡情赠茜香罗 薛宝钗羞笼红麝串》中写道：

“宝钗生的肌肤丰泽，容易褪不下来。宝玉在旁看着雪白一段酥臂，不觉动了羡慕之心，暗暗想道：‘这个膀子要长在林妹妹身上，或者还得摸一摸，偏生长在她身上。’正是恨没福得摸，忽然想起金玉一事来，再看看宝钗形容，只见脸若银盆，眼似水杏，唇不点而红，眉不画而翠，比林黛玉另具一种妩媚风流，不觉就呆了，宝钗褪了串子来递与他也忘了接。宝钗见他怔了，自己倒不好意思的，丢下串子，回身才要走，只见林黛玉蹬着门槛子，嘴里咬着手帕子笑呢。宝钗道：‘你又禁不得风

《红楼梦》插图

吹，怎么又站在那风口里？’林黛玉笑道：‘何曾不是在屋里的。只因听见天上一声叫唤，出来瞧了瞧，原来是个呆雁。’薛宝钗道：‘呆雁在那里呢？我也瞧一瞧。’林黛玉道：‘我才出来，他就忒儿一声飞了。’口里说着，将手里的帕子一甩，向宝玉脸上甩来。宝玉不防，正打在眼上，‘嗳哟’了一声。”

另外，在下一回开头，还有一段紧跟着的情节：

“话说宝玉正自发怔，不想黛玉将手帕子甩了来，正碰在眼睛上，倒唬了一跳，问是谁。林黛玉摇着头儿笑道：‘不敢，是我失了手。因为宝姐姐要看呆雁，我比给他看，不想失了手。’宝玉揉着眼睛，待要说什么，又不好说的。”

有些读者认为这段情节纯属“打情骂俏”，并不值得细说，但细细品读，会发现它并非无关紧要的情节，尤其是“呆雁”的意象在其中的妙用，相当耐人寻味。

黛玉口中的“呆雁”指的是宝玉，这是一种娇嗔的说法，鸿雁传书本来就被寄托了深厚的感情，而曹雪芹此处使用这一元素，也是从侧面来写宝黛之间的深情。更妙的是，在《红楼梦》第六十二回中，黛玉所作的《酒令·落霞与孤鹜齐飞》有言：“落霞与孤鹜齐飞，风急江天过雁哀，却是一只折足雁，叫的人九回肠，这是鸿雁来宾。”书中角色的酒令，与人物性格有关，往往也关联其命运。此处黛玉的鸿雁意象，除了与前文“呆雁”故事对应，也有暗示黛玉将来命运坎坷的意味。而“折足雁”则隐喻着她与宝玉难以圆满的爱情，从某种意义上讲，这也是贾家走向败落的隐喻。

|“鸿雁”背后的草原与中原文化交融|

提起《鸿雁》这首民歌，很多人的耳边都会响起悠扬的草原长调，它作为蒙古族的知名音乐，在大江南北流传。草原文化的魅力也令很多人神往，而“鸿雁”就像沟通草原与中原文化的信使，吸引着人们了解这背后的历史与文化。

从历史与现实中看，赤峰与奈曼可以被看成草原文化与中原文化交融的观察样本。除了远古时期的红山文化，内蒙古赤峰在古代历史上的另一个巅峰时刻出现在契丹时期。在此之前，赤峰地区是东胡、鲜卑等游牧民族的聚集地，但并不是这些北方少数民族政权的中心地带，直到契丹崛起，此地再次成为历史聚焦之地。熟悉历史的人都知道，契丹人发源于西拉沐沦河和老哈河流域，此地就属于今日赤峰市辖区。趁着五代十国时期中原大乱，契丹政权的版图迅速扩大，以至于北宋在建国之初，就十分忌惮契丹人南下。

此后的一百多年内，契丹人相继选择“契丹”和“辽”作为国号，政权面积辽阔，最强大时疆域西端到了阿尔泰山，东端到了库页岛。在与北宋签订澶渊之盟后，辽宋之间出现了持久的和平。从 1005 年宋辽澶渊之盟到 1120 年宋金海上之盟，两国之间的和睦相处时期长达一百多年，这在历史上是非常罕见的安定

内蒙古草原风光（黄西蒙 摄）

时期。辽朝因为与宋朝的长期交流，也在中后期实现了深度的汉化，但是，它们仍保存了自己的契丹民族风俗，其中最有特点的，便是“四时捺钵”制度。

简单来说，“四时捺钵”是游牧民族面对过于辽阔的统治区域而设置的特殊制度。过去匈奴、鲜卑等游牧民族多逐水草而居，没有固定的统治居所，但随着游牧民族汉化程度与治理能力的提升，他们便设置了专门的制度，来实现对政权的有序管辖。契丹的皇族不会固定在一地生活，而是随着季节变化四处游走，赤峰一带接近辽朝疆域的南端，相比草原深处，气候更加温和，因此被定为冬捺钵之地。如今，赤峰博物馆里有一幅完整的“四时捺钵”地图，上面河流密布，可以想象，在将近一千年前，此地环境优越，水草丰美，是契丹皇族钟爱的居住与迁徙之所。

四时捺钵	主要地点	时间	活动内容
春捺钵	长春州 鱼儿泺	正月上旬	捕鹅、钩鱼
夏捺钵	永安山 炭山	四月中旬 至 七月中旬	避暑、议政
秋捺钵	庆州 伏虎林	七月中旬 入山	射鹿
冬捺钵	永州 广平淀	十月以后	避寒、 议政、猎虎

在历史上取代契丹统治的是女真人，但金朝的统治时间较短，蒙古人很快占据了这块土地。蒙元时期的赤峰也呈现出独特的文化风貌，因为它曾是蒙元时期弘吉剌部的政权中心地带。弘吉剌部与蒙元统治集团“黄金家族”有着长期密切的关联。据相关资料，弘吉剌部在蒙元时期共出现了 21 位后妃、19 位驸马，简直成了一个提供“帝后”的富矿。不少蒙古历史文献中也提到，弘吉剌部水草丰美，盛产美女，因此蒙古各部的男性都以娶

到弘吉剌部的女性为荣，当年成吉思汗的母亲诃额仑就来自弘吉剌部，诃额仑的德行至今仍被无数草原儿女传颂。

不过，弘吉剌部最早来自呼伦贝尔，它与赤峰地区的关联，源自 1214 年成吉思汗对漠南地区的一次分封，史称“甲戌分封”。当时封王建城的范围，基本涵盖了今天的赤峰城区，著名的“鲁王城”其实就是分封后筑成的应昌城与全宁城。这里基本上已经是游牧文明的边缘地带，与南面的农耕文明接壤，因此其汉化程度也比漠北的蒙古部族更高。

位于赤峰市区东北部的奈曼旗，虽然在行政区划上属于通辽市，但在历史上也与赤峰有关，它与蒙古文化的关联，更值得瞩目。

奈曼王府是当地最知名的历史文化遗迹。这处府宅位于奈曼县城中心，门口蹲坐着雄健的石狮子，令人如同身处北京老胡同里某处清朝王府的门前。奈曼王府的建筑基本上是汉化风格，雕梁画栋之间，以红绿色调为主。其中王府正殿、配殿、家庙等建筑，是王府建筑群的主体。奈曼王府原来是奈曼部首领札萨克多罗达尔汉郡王的府邸，这一系郡王，在此后几百年里，都是奈曼当地的统治者与管辖者。

这段历史已经罕为人知，几乎湮没在历史浩如烟海的文献里。查阅资料可知，这个札萨克多罗达尔汉郡王是一个称号，第一代札萨克名为衮楚克，是成吉思汗的二十世嫡孙。他活跃于明末清初的历史巨变时期，面对的是摇摇欲坠的明朝、走向末路的蒙古与强势崛起的后金三大政权的挤压。他最早属于归属林丹汗

呼伦贝尔民族博物馆收藏的猛犸象头骨化石（黄西蒙 摄）

通辽的奈曼蒙古王府（黄西蒙 摄）

统治的蒙古部，但因为不满林丹汗而归附后金政权的皇太极，后联合女真人对抗林丹汗。其后的历史，众人皆熟知，后金改名为大清，随后入主中原，衮楚克因对新政权有功而大受封赏。

因此，从清朝初年开始，奈曼一带就被纳入了国家版图，而且由衮楚克及其后人管辖。《清史稿》也对奈曼的历史，有简明扼要的介绍：

“奈曼部辖一旗，扎萨克驻章武台，在喜峰口东北七百里，西南距京师一千一百十里。古鲜卑地，隋，契丹地，唐属营州都督府，辽、金为兴中府北境，明为喀尔喀所据，分与亲弟，号曰奈曼。”

从地理上看，奈曼一地的行政归属，与赤峰相似，后世多从鲜卑时期说起，但实际上，奈曼历史颇为复杂，远不是《清史稿》上说得这么简单。

这就要从“奈曼”这个名字说起了。13世纪蒙古帝国崛起时，在蒙古高原西部有一个乃蛮部，虽然它后来并入了大蒙古国的版图，但在此之前，它的世系传承与文化形态有一定的独立性。这里的乃蛮与奈曼，一个在蒙古高原西部，一个在东部，相差千里，时间上也有几百年的错位，它们到底是不是一回事呢？

从历史文献中考察可知，奈曼应该就是得名于乃蛮，二者的确有一脉相传的关联。但由于蒙古各部的文化演变非常复杂，即便只是相隔几百年，很多真相也难以被人熟知。有关乃蛮部的起源，《新元史》上有这番记载：

“乃蛮部，辽时始著，耶律太石西奔，自乃蛮抵畏吾儿，即此部也。基部初居于古谦河之傍，后益强，盛拓地至乌陇古河。乃蛮译义为八，所据之地：一阿而泰山，一喀喇和林山，一哀略以赛拉斯山，一阿而帖石湖，一阿而帖石河，一阿而帖石河与乞里吉思中间之地，一起夕耳塔实山，一乌陇古河。故称其部曰乃蛮。”

到了 12 世纪末，奈曼其实已经是蒙古高原上一支强大的政权，据史书记载，“其北境为乞里吉思，东为克烈，南为回纥，西为康里”。不过，这些政权都在随后不久，被成吉思汗相继击破，纳入了后来的大蒙古国。

当我们把视线拉回成吉思汗西征的前夜，当时位于蒙古高原西部的乃蛮部，其实已经具备国家的雏形，而不是一个普通的游牧部落了。当时的奈曼国主是大名鼎鼎的太阳汗，但他色厉内荏，并不具备挑战铁木真（当时铁木真还未称成吉思汗）的能力，经过纳忽崖之战，太阳汗兵败身死，乃蛮亡国。但是，乃蛮的王族世系并未断绝，太阳汗之子屈出律逃到了西辽，被西辽君主耶律直鲁古的女儿看上，竟被招为西辽驸马。

此后，屈出律野心膨胀，竟然发动政变，夺了耶律直鲁古的帝位，自称西辽国主。但他的统治不得人心，后来在成吉思汗西征战争中被攻灭，西辽也随之亡国。但乃蛮王族的运气不错，屈

位于内蒙古正蓝旗的元上都遗址，曾见证草原文明的变迁（黄西蒙 摄）

出律的后人得到了蒙古大汗的优待，《元史》上记载的几个屈出律的后人，都得以善终，甚至还担任过地方上的军政要员。元朝建立后，还有一些乃蛮部族的残余势力，被迁徙到全国各地，其中一支被称为答鲁乃蛮氏，此后这一支部族，又分化出瓜勒给亚氏，元朝灭亡后，他们长期居住在今天的赤峰、奈曼一带，这便与我们今天熟知的“奈曼”关系对上了。

尽管这些历史脉络极其烦琐，但不厘清思路、查清事实，是无法理解奈曼重叠交错的文化踪迹的。从赤峰到乃蛮，这条路线上的种种文化元素，承载着从东胡到鲜卑，从契丹到蒙古，再到清朝的复杂历史演变。而且，它们还与古代中原的汉族文化密切交融，属于文化的叠加与融合地带。在这些地方，以“鸿雁”为象征的草原文化，如同化作徜徉在空中的悠扬旋律，在飘然的歌声中给我们带来独特的美感。

第十九章

“祝融”火星车：火神形象的开掘与变化

“祝融号”是中国首辆火星车，其得名于中国的神话传说。央视网曾这样介绍“祝融号”的名字：“它高度有 1.85 米，重量达到 240 公斤左右。设计寿命为 3 个火星月，相当于约 92 个地球日……祝融在中国传统文化中被尊为最早的火神，象征着我们的祖先用火照耀大地，带来光明。首辆火星车命名为‘祝融’，寓意点燃我国星际探测的火种，指引人类对浩瀚星空、宇宙未知的接续探索和自我超越。”[1]

“祝融号”为我国的火星科学探索发挥着重要作用，我们对“祝融”寄托了很多美好的期待，如同古人面对火神祝融的故事，它为我们带来了光明与繁荣。据相关资料介绍：“截至 2021 年 12 月 31 日，火星车在火星表面工作 225 个火星日，累计行驶超

1　央视网：《定了！“祝融号”——中国首辆火星车有名字了！》，2021-04-24，http://m.news.cctv.com/2021/04/24/ARTIGlCivXtKtZPaf0ifoehv210424.shtml.

过1400米。”[1]在火星探索的征程中，我们还有很多需要开拓的领域，我们的科学研究正在积极进行中。

在上古时代，祖先们仰望星空时，产生了对宇宙自然的无穷想象力，祝融成为火神，也是这些神话传说中的精彩篇章。然而，有关祝融的记载，在历史中也颇为复杂，它到底经历了何种形象变化？祝融到底意味着什么呢？

| 火神祝融的形象 |

在传统文化中，祝融的形象比较复杂。比较经典的说法，认为祝融是黄帝的子孙。从世系上看，颛顼是黄帝之孙，祝融又是颛顼之孙。据《山海经·大荒西经》中记载：“颛顼生老童，老童生祝融，祝融生太子长琴，是处榣山，始作乐风。”

这段上古文献清晰地记录了祝融的身份。但是，历史记载中相互矛盾之处也存在，《管子》中说祝融是与黄帝同时期的人物，属于黄帝的“六相”之一。另外五人是蚩尤、大常、奢龙、大封、后土，他们共同辅佐黄帝治理天下。这显然又与后世的认知差异较大，最起码其中蚩尤的身份就很奇怪，毕竟黄帝战蚩尤的故事流传甚广。正如后世会争议黄帝与蚩尤到底是不是敌人关系，我们对祝融的身份认知也一直存在混乱与模糊的问题。

另外，祝融还被一些人视为楚人的祖先。《史记·楚世家》

1 澎湃新闻网：《国家航天局发布“天问一号”探测器传回图像，向全国人民问好》，2022-01-01，https://www.thepaper.cn/newsDetail_forward_16108372.

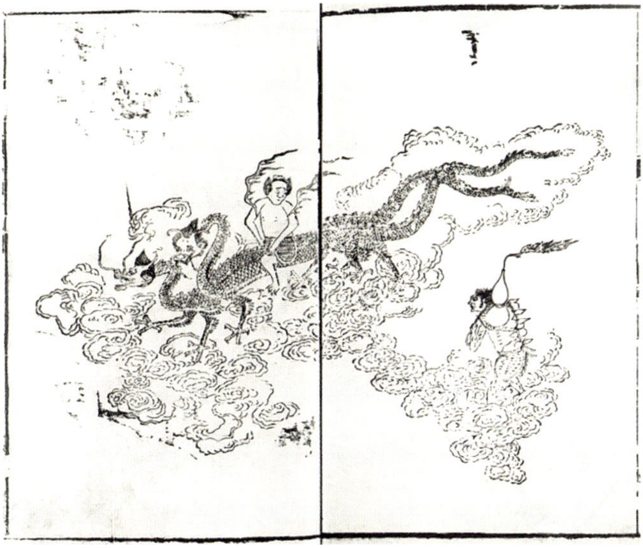

古画中的祝融形象

开篇就说：

“楚之先祖出自帝颛顼高阳。高阳者，黄帝之孙，昌意之子也。高阳生称，称生卷章，卷章生重黎。重黎为帝喾高辛居火正，甚有功，能光融天下，帝喾命曰祝融。共工氏作乱，帝喾使重黎诛之而不尽。帝乃以庚寅日诛重黎，而以其弟吴回为重黎后，复居火正，为祝融。吴回生陆终，陆终生子六人……”

至于祝融是火神的说法，与《汉书》中的记载有关。《汉书·五行志》有记载：“帝喾则有祝融，尧时有阏伯，民赖其德，

清绘本《山海经图》之“南方祝融”

死则以为火祖，配祭火星。”《左传》中也说：“火正曰祝融。”祝融在一些记载中，就是五行官之一，管理与火有关的事务。众所周知，上古社会生产力低下，因此人们对日月星辰、风雨水火之类的自然事物，有强烈的敬畏感，将自然事物神格化，也就在所难免了。

祝融的形象，就被赋予了强烈的神话色彩，与其他神祇一起，保护着天下的子民。正如《太平广记》所言：“南海之神曰祝融，东海之神曰勾芒，北海之神曰颛顼，西海之神曰蓐收。”这四位便是四海之神。由此可见，随着时间的推移，祝融的神话色彩越发强烈，附着在其身上的神祇之力也更加强大。尤其是火神祝融形象，是掌管光明的神祇，照亮着远古先民前行的道路。

在后世，祝融的形象也出现了变化，尤其是一些古典小说也加入了祝融的元素。比如，《三国演义》中就有一位著名的祝融夫人，她的故事给读者留下了深刻印象。祝融夫人的形象到底是怎样的？她的名字又与祝融有何关联呢？

| 祝融夫人的故事 |

在风云激荡的三国故事中，真正上过战场的女性角色只有祝融夫人，她武功高强，勇武不亚于男将军。《三国演义》第九十回《驱巨兽六破蛮兵 烧藤甲七擒孟获》中讲到，诸葛亮率军征讨孟获，孟获惊慌不已，但其夫人却勇猛异常：

“忽然屏风后一人大笑而出曰：‘既为男子，何无智也？我虽是一妇人，愿与你出战。’获视之，乃妻祝融夫人也。夫人世居南蛮，乃祝融氏之后；善使飞刀，百发百中。孟获起身称谢。夫人忻然上马，引宗党猛将数百员、生力洞兵五万，出银坑宫阙，来与蜀兵对敌。”

祝融夫人初次登场就展现了出众的战斗技巧，生擒了蜀将张嶷、马忠：

“祝融夫人背插五口飞刀，手挺丈八长标，坐下卷毛赤兔马。张嶷见之，暗暗称奇。二人骤马交锋。战不数合，夫人拨马便

《三国演义》插图

走。张嶷赶去，空中一把飞刀落下。嶷急用手隔，正中左臂，翻身落马。蛮兵发一声喊，将张嶷执缚去了。马忠听得张嶷被执，急出救时，早被蛮兵捆住。望见祝融夫人挺标勒马而立，忠忿怒向前去战，坐下马绊倒，亦被擒了。”

在这里，祝融夫人的坐骑设定竟然是卷毛赤兔马，不知这跟吕布、关羽的坐骑赤兔马是否有关，这一细节很少被关注。

在《三国演义》的故事中，祝融夫人后来被马岱擒获：

“夫人忿怒赶来，延骤马奔入山僻小路。忽然背后一声响亮，

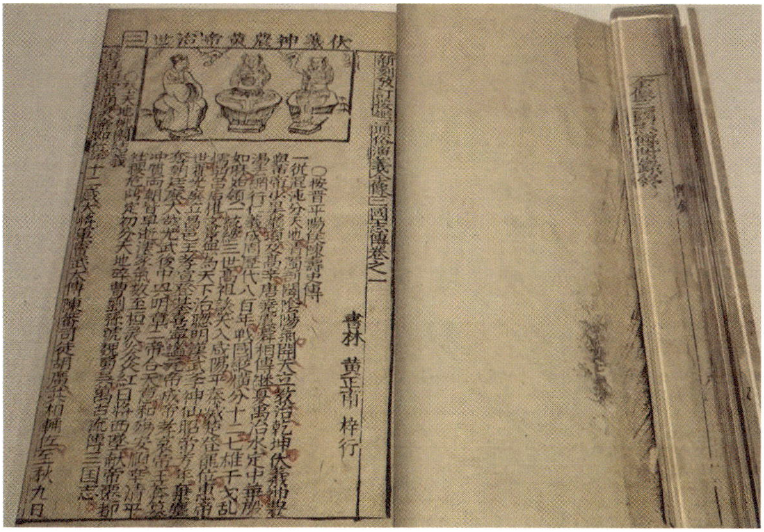

国家典籍博物馆收藏的《三国演义》明刻本（黄西蒙 摄）

延回头视之，夫人仰鞍落马：原来马岱埋伏在此，用绊马索绊倒。就里擒缚，解投大寨而来。蛮将洞兵皆来救时，赵云一阵杀散。孔明端坐于帐上，马岱解祝融夫人到，孔明急令武士去其缚，请在别帐赐酒压惊，遣使往告孟获，欲送夫人换张嶷、马忠二将。”

几番战斗之后，最终祝融夫人与孟获一同投降，南中归于和平。其实在历史上，祝融夫人并不存在，纯属《三国演义》的虚构人物。历史上诸葛亮南征的故事也没有小说中那么有戏剧性，历史小说家蔡东藩在《后汉演义》中还“吐槽”过罗贯中这种虚构过多的写法：“罗氏《演义》满纸捏造。什么朵思大王，什么木鹿大王，什么祝融夫人，好像《封神传》《西游记》一般，看似五花八门，实则十虚九幻，不值识者一噱。”

至于祝融夫人的名字，与火神祝融关联并不大，罗贯中在虚构这一角色的时候，或许联想到楚人先祖祝融这一形象，而在当时一些小说家的认知中，南蛮角色或许与祝融的后代也有关系。当然，这也是一种推测，目前我们并没有确切的史料，可以证明罗贯中真实的想法，但祝融夫人这一形象，还是给读者打开了巨大的想象空间，让我们可以揣摩古代小说家在创作时的心路历程。

事实上，祝融的元素在传统文化中长期存在，至今仍广为人知。科学家以“祝融”来命名大国重器，也是对中华文化价值的传承与发扬。

第二十章

“悟空”暗物质粒子探测卫星：火眼金睛的形象流变

2015 年 12 月 17 日 8 时 12 分，暗物质粒子探测卫星“悟空”在酒泉卫星发射中心顺利升空。“悟空”暗物质粒子探测卫星，是我国首颗空间天文卫星。2016 年 3 月 8 日，暗物质粒子探测卫星正式交付科学应用系统，供中国科学院紫金山天文台使用。

暗物质卫星首席科学家常进曾经表示：“‘悟空’是世界上迄今为止观测能段范围最宽、能量分辨率最优的空间探测器，其观测能段是国际空间站阿尔法磁谱仪的 10 倍，能量分辨率比国际同类探测器高 3 倍以上。”发现暗物质的奥妙，对于揭开宇宙的诸多谜团，将发挥重要作用。据相关资料记载：“‘悟空’的‘火眼金睛’包含塑闪列阵探测器、硅列阵探测器、BGO 能量器和中子探测器四个子载荷，能探测高能粒子的能量、方向和电荷，并具备鉴别粒子的本领，从而有可能探测到暗物质粒子的存在……揭开暗物质之谜将是继日心说、万有引力定律、相对论及量子力学之后的又一次重大科学突破，从而推动解释宇宙为什么会是这样以及将怎样演化。”[1]

将其命名为“悟空”，是因为《西游记》中的孙悟空有一双火眼金睛，可以辨别忠奸，在斩妖除魔上发挥了重要作用。能够拥有这样一双发现万物真相的慧眼，也是很多人的美好愿望。即便在现实中无法实现，古人也把这夙愿写入了传说故事，类似火眼金睛的元素，在古代文学作品中并不少见。

| 孙悟空的火眼金睛形象 |

在《西游记》第七回《八卦炉中逃大圣 五行山下定心猿》中，关于孙悟空火眼金睛的由来，讲述得很清楚：

“那老君到兜率宫，将大圣解去绳索，放了穿琵琶骨之器，推入八卦炉中，命看炉的道人，架火的童子，将火扇起煅炼。原来那炉是乾、坎、艮、震、巽、离、坤、兑八卦。他即将身钻在‘巽宫’位下。巽乃风也，有风则无火。只是风搅得烟来，把一双眼熏红了，弄做个老害眼病，故唤火眼金睛。”

孙悟空被关在太上老君的八卦炉里，炼了七七四十九天，获得了金刚不坏之身：

1 中国科学院网站：《中国成功发射暗物质粒子探测卫星》，2015-12-17，https://www.cas.cn/cm/201512/t20151217_4498178.shtml.

“忽一日，开炉取丹，那大圣双手侮着眼，正自搓揉流涕，只听得炉头声响。猛睁眼看见光明，他就忍不住，将身一纵，跳出丹炉，唿喇的一声，蹬倒八卦炉，往外就走。”

到底什么是火眼金睛？千百年来众说纷纭，有人认为这是一种可以识破世间万物的超能力，还有人认为这是一种烟熏出来的“红眼病”，有损身体健康。有学者考证之后认为，“火眼”和“金睛”两个概念在古文献里都存在，而孙悟空身上的火眼金睛，是上述两个元素的结合：“为了塑造孙悟空的特异眼睛，《西游记》作者第一次将二词组合为新语火眼金睛，此是同义对文、互文，犹言‘火’‘金’的眼睛。同时小说将此眼睛置于八卦炉里锻炼的仙道环境，从而达到对‘火’‘金’眼力的神化、仙化，使其具有超凡的特异功能，能从人或物的假象看出妖魔鬼怪的真相。”[1]

《西游记》小说原著中多次提到孙悟空的火眼金睛。第十八回《观音院唐僧脱难 高老庄行者降魔》讲到孙悟空的形象：“火眼金睛，磕头毛脸，就是个活雷公相似，慌得他手麻脚软，划刺的一声，挣破了衣服，化狂风脱身而去。”第二十回《黄风岭唐僧有难 半山中八戒争先》也有类似的形象刻画：“使一根金箍铁棒，他生得火眼金睛。”

第三十二回《平顶山功曹传信 莲花洞木母逢灾》讲道：“好

1 黄金贵：《“火眼金睛”释义》，《浙江大学学报（人文社会科学版）》2020 年第 1 期。

大圣，睁开火眼金睛，漫山越岭的望处，却无踪迹。”第六十八回《朱紫国唐僧论前世 孙行者施为三折肱》有言：“行者挤到近处，闪开火眼金睛。”第九十一回《金平府元夜观灯 玄英洞唐僧供状》也写了孙悟空使用火眼金睛的情节：“大圣闪火眼金睛，仔细观看，认得是年、月、日、时四值功曹使者，隐像化形而来。”

在第九十四回《四僧宴乐御花园 一怪空怀情欲喜》中，孙悟空直言火眼金睛的妙处：“老孙的火眼金睛，但见面，就认得真假善恶，富贵贫穷，却好施为，辨明邪正。”看来，这的确是一双慧眼，能够看到世界的真相与本质，如果能善用这双慧眼，便能惩恶扬善。

| 火眼金睛文化形象的流变 |

耐人寻味的是，火眼金睛并非孙悟空独有的形象元素，在《水浒传》中有三个梁山好汉，有点孙行者形象变体的意味，其中最像悟空者当属武松。

在《水浒传》第三十一回，血溅鸳鸯楼后，行者武松的形象更加强悍。在这里，读者可以通过菜园子张青和母夜叉孙二娘的视角，看到武松的外形和气质：

“前面发掩映齐眉，后面发参差际颈。皂直裰好似乌云遮体，杂色绦如同花蟒缠身。额上戒箍儿灿烂，依稀火眼金睛；身间布衲袄斑斓，仿佛铜筋铁骨。戒刀两口，擎来杀气横秋；顶骨百颗，念处悲风满路。神通广大，远过回生起死佛图澄；相貌威严，好似伏虎降龙卢六祖。直饶揭帝也归心，便是金刚须拱手。”

其中“额上戒箍儿灿烂，依稀火眼金睛”一句，与孙悟空的火眼金睛形象有异曲同工之妙。

《水浒传》在第四十四回讲到饮马川的故事，通过锦豹子杨林之口，火眼狻猊邓飞的形象正式登场：

“这个认得小弟的好汉，他原是盖天军襄阳府人氏，姓邓名飞，为他双睛红赤，江湖上人都唤他做火眼狻猊。能使一条铁链，人皆近他不得。多曾合伙。一别五年，不曾见面。谁想今日他却在这里相遇着。”

书中有诗赞曰：“原是襄阳关扑汉，江湖飘荡不思归。多餐人肉双睛赤，火眼狻猊是邓飞。”狻猊是中国古代神话中的神兽，是龙的九个儿子之一。狻猊的形象往往与烟火绑在一起，因此也成为不少古代香炉上的装饰品。邓飞以火眼狻猊为绰号，应该是对其外貌的描写。

另外，飞天大圣李衮是梁山好汉中唯一有“大圣”名号的角色。李衮与樊瑞、项充一同登场，他们原是芒砀山的头领，后归顺梁山。《水浒传》第五十九回有言：

明代画家杜堇《水浒人物全图》中李衮、项充的形象

“次后那个好汉，便是邳县人氏，姓李名衮，绰号飞天大圣。会使一面团牌，背插二十四把标枪，亦能百步取人。左手挽牌，右手仗剑。后面打着一面认军旗，上书‘飞天大圣’。出到阵前。有八句诗，单道李衮：缨盖盔兜项，袍遮铁掩襟。胸藏拖地胆，毛盖杀人心。飞刃齐攒玉，蛮牌满画金。飞天号大圣，李衮众人钦。”

这里的“飞天大圣”，便是李衮的绰号。不过，邓飞和李衮在梁山好汉里的排名都不高，不是很重要的角色，最终在征剿方腊时战死。邓飞在攻打杭州时，被敌将石宝一刀砍成两段，惨死沙场。李衮在睦州之战时，不慎跌入溪涧，被敌军乱箭射死。虽然他们在书中的故事不多，但因为绰号特别，也给后世读者留下了深刻印象。

另外，在中国古典小说里，也有类似火眼金睛这样的“慧眼”，它们都有发现甄别宝物真假、发现万物奥妙的能力，这个形象在《西游记》之后的文学作品中不断流变，产生了一些新奇的形象。比如蒲松龄在《聊斋志异》中写的《八大王》这个故事，就有“发现珍宝的慧眼”的元素，只是它的载体不是眼睛，而是“鳖宝”。

这个名为“鳖宝”的奇物，有类似火眼金睛的作用，但在故事里，它却成为主人公挖掘珍宝的工具。随着时间的推移，我们在日常生活中也时常使用“火眼金睛”一词，它从古典小说元素变成汉语常用词汇，进入我们的常用语言使用范畴，也体现出传统文化的现实价值。

不论这些“慧眼”表现为何种形式，它们的超凡功能都能引起人们的极大兴趣。从这个意义上讲，火眼金睛和孙悟空的文化内涵在现代得到新的解读，也就不令人感到奇怪了。正是对这些文化元素的继承与创新，才让我们的传统文化能随着时代发展而不断绽放光彩。

第二十一章

“玉兔”月球车：广寒宫中的生命能量

2013 年 11 月 26 日，“嫦娥三号”月球车被正式命名为“玉兔号”。此前，官方曾公开向网民征集名字，“玉兔号”“揽月号”“寻梦号”等名字一度入选，最终确定为“玉兔号”。作为中国首辆月球车，它的名字寄托了国人浓郁的情感和美好的期待。正如当时官方媒体报道中所说：“遍布全球的网友贡献近 20 万个名称为月球车壮行，这充分说明全社会都在关注着月球车征名，关注着中国探月工程。”[1] 这一大国重器的亮相，也让世人看到了中国在探月工程上的坚定信心和探索精神。

2013 年 12 月 14 日，“玉兔号”顺利登陆月球表面，这“标志着中国成为美国和苏联后全球第三个实现月球软着陆的国家”，也意味着“我国探月工程全面转入无人自动采样返回的新

1　新华社：《网友贡献 20 万个名称 月球车终命名为“玉兔号”》，2013-11-26，https://www.chinanews.com.cn/gn/2013/11-26/5546917.shtml.

中国科技馆展示的玉兔二号月球车（黄西蒙 摄）

阶段”。[1]

在中国的传统文化中，玉兔有着美好的寓意，与玉兔有关的文化元素，也一直伴随着华夏文明的发展。解读玉兔，也成为我们深入了解历史文化的有趣方式。

1 国资委网站：《“嫦娥三号”落月成功“玉兔号”登陆月球》，2019-12-14，http://www.sasac.gov.cn/n2588025/n10248920/n12883663/c13090337/content.html.

玉兔形象的流变

学者叶舒宪曾经提出玉兔神话诞生之前，就有古人对玉石灵性色彩的关注，由此出现了玉石神话。他在《玉兔神话的原型解读——文化符号学的 N 级编码视角》一文中提出：“经过数千年的文化传播作用，玉石神话普及东亚各地，并且自然而然地和后起的月亮神话、变形动物神话相互交织组合，形成玉蝉、玉蚕的形象化雕刻传统，最终在三千多年前的商代催生出玉兔与月兔的类比想象，体现为商周以来的玉兔造型传统。”[1] 事实上，中国文化中的玉兔形象起源很早，而随着时光的淘洗，附着在玉兔身上的故事越来越丰富和精彩。

考古人员曾在殷墟妇好墓中，发现过三块兔形玉佩，殷商贵族对上等玉器十分迷恋，拥有玉佩也成为其社会地位的象征。如今中国国家博物馆中收藏的西周时期的兔形玉佩，也彰显着古人的工艺水平和精神寄托。在官方资料中，曾这样描绘兔形玉佩的特点：“青玉，此器双面片雕，兔卧伏状，腿前伸，长耳后伏，尾尖上翘，硕臀，圆眼，吻部穿一透孔，可系佩，形状乖巧。”[2] 这是上古时期的玉兔形象，而如今人们提起玉兔，更容易想起玉兔捣药的故事，从而会联想到月亮、嫦娥、广寒宫等文化元素。

1　叶舒宪：《玉兔神话的原型解读——文化符号学的 N 级编码视角》，《民族艺术》2014 年第 2 期。

2　中国国家博物馆官网：《兔形玉佩》，2018-12-18，http://www.chnmuseum.cn/zp/zpml/201812/t20181218_28415_wap.shtml.

玉兔神话具体何时形成，如今已经难以精确考证。但早在屈原写的《天问》中，就有这样的内容：“夜光何德，死则又育？厥利维何，而顾菟在腹？”此处的“夜光”就是月光的意思，而“菟”在此，还不是兔子的意思。屈原是楚国人，而楚人称老虎为“於菟”，屈原最初的意思，大概是追问月亮为什么能死而复生。古人认为月亮的起起落落也是生命的生与灭，屈原在此也表现出对月亮上生命能量的兴趣。他还在《天问》中追问月亮上为什么有老虎。吊诡的是，在后世王逸的《楚辞章句》中，将屈原笔下的“菟”解释为兔子，“於菟”被后世误解为“玉兔”，反而成了口耳相传的“正确答案”。

到了魏晋时期，有个叫傅玄的文人写了一篇《拟天问》，其中有一句“月中何有，白兔捣药”，往往被后世视为玉兔月中捣药传说的“经典来源”。至此，人们每每提起玉兔，都会想起与月亮有关的传说与诗文，玉兔的美好形象也融入了中华民族的历史记忆。

| 月亮的美好意象 |

明代文人杨循吉在《玉兔华》一诗中因玉兔的故事而心生慨叹：“广寒玉兔落阴精，秀结秋风一种青。却笑风霜憔悴死，虚劳捣药济长生。”广寒宫、玉兔捣药等经典文化元素，已经被当时的文人墨客津津乐道。而将月亮纳入诗词的意象中，也早已成为古代诗词名家的“日常选项”。

晚唐诗人李商隐在《嫦娥》一诗中的文字，以及对嫦娥命运

月相变化

的感慨，也成为后世传唱的经典：“云母屏风烛影深，长河渐落晓星沉。嫦娥应悔偷灵药，碧海青天夜夜心。”

要说关于咏月的最佳篇章之一，初唐诗人张若虚的《春江花月夜》堪称千古绝唱，它也被闻一多誉为“诗中的诗，顶峰上的顶峰”。这首堪称“孤篇盖全唐”的佳作，早已突破了文辞层面的狭义美，在意境上的广义美上，它也是横绝古今的名篇：

“春江潮水连海平，海上明月共潮生。
滟滟随波千万里，何处春江无月明！
江流宛转绕芳甸，月照花林皆似霰。
空里流霜不觉飞，汀上白沙看不见。
江天一色无纤尘，皎皎空中孤月轮。

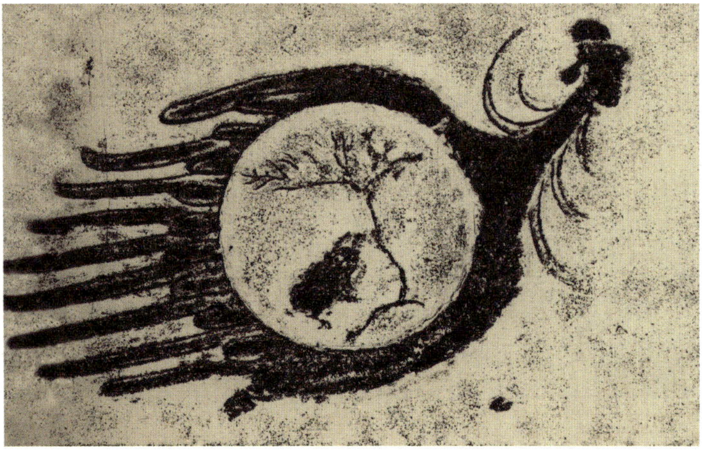

四川新都出土东汉“月神羽人画像砖”

江畔何人初见月？江月何年初照人？
人生代代无穷已，江月年年只相似。
不知江月待何人，但见长江送流水。
白云一片去悠悠，青枫浦上不胜愁。
谁家今夜扁舟子？何处相思明月楼？
可怜楼上月徘徊，应照离人妆镜台。
玉户帘中卷不去，捣衣砧上拂还来。
此时相望不相闻，愿逐月华流照君。
鸿雁长飞光不度，鱼龙潜跃水成文。
昨夜闲潭梦落花，可怜春半不还家。
江水流春去欲尽，江潭落月复西斜。
斜月沉沉藏海雾，碣石潇湘无限路。
不知乘月几人归，落月摇情满江树。”

有趣的是，在此之前，隋炀帝杨广也写过两首《春江花月夜》。虽然从文辞和意境上看，也属佳作，但比起张若虚的大作，其气势和韵味还是差了一些。但诗作也算名篇，值得品鉴：

其一：
暮江平不动，春花满正开。
流波将月去，潮水带星来。
其二：
夜露含花气，春潭漾月晖。

汉水逢游女，湘川值二妃。

这些诗作不仅寄托了古人面对夜月风景时的情感，也让这些美妙的诗词意象传承下来。当我们在今天提起玉兔，谈起月亮，在抬头仰望夜空的同时，也能品读诗词歌赋的美好意境，这未尝不是一件乐事。

第二十二章

“嫦娥”探月工程：月亮故事的时光回响

2004 年，中国正式开启“嫦娥”探月过程。从时间表上，我们可以看到探月过程正在顺利开展：2007 年 10 月 24 日，“嫦娥一号”顺利升空，我们终于完成了首次绕月飞行的任务，此后“嫦娥二号”“嫦娥三号”“嫦娥四号”的发射时间分别是 2010 年、2013 年、2018 年，每隔三四年，就会有新的进展。最近一次“嫦娥奔月”，是在 2020 年 11 月 24 日，“嫦娥五号”顺利升空。

相关资料显示：“此前，人类的无人月球采样任务，采用的都是月面起飞直接返回地球的方案。而‘嫦娥五号’则是采用具有世界先进水平的月球轨道交会对接。”[1]“嫦娥五号”帮助我们更加了解神秘的月球，也为今后的探月工程奠定了扎实的基础。

2021 年 7 月 12 日，“嫦娥五号”任务第一批月球科研样品

1　央广网：《“嫦娥五号”发射成功 探月将创多项世界首次 关键技术具世界先进水平》，2020-11-24，http://news.cnr.cn/native/gd/20201124/t20201124_525339844.shtml.

发放仪式举行。据媒体报道："这标志着月球样品科学研究工作正式启动。首批发放的月球科研样品共 17.4764 克，将发放给 13 所科研机构的 31 份申请。其中光片样 6 个 157.6 毫克，岩屑样 13 个 868.8 毫克。后续，国家航天局将根据地面应用系统的样品处理进展，陆续发布新的科研样品。"[1]

探月工程取名嫦娥，是因为在神话传说和古代小说中，嫦娥的美好形象给人留下了深刻记忆，尤其是嫦娥奔月的故事早已融入了中华民族的千年记忆。其中有哪些不为人知的历史细节，能让我们破译附着在嫦娥身上的文化基因呢？

| 神话与诗词中的嫦娥 |

国人对嫦娥奔月的故事可谓耳熟能详。西汉淮南王刘安在《淮南子》中记载了嫦娥奔月的故事：嫦娥是后羿的妻子，后羿射日之后，不少人来拜师学艺，逢蒙也混入其中。此人心术不正，趁着后羿外出打猎的时候，就逼着嫦娥交出之前西王母给后羿的神药。情急之下，嫦娥只好吞下神药，没想到她的身体缓缓升到了天上，因为不舍得后羿，就留在了月亮上。

《淮南子》中是这样记载的：

"娥无以为计，吞不死药以升天。然不忍离羿而去，滞留月

1 央视新闻：《首批样品发放 嫦娥五号月球样品科研工作正式启动》，2021-07-12，http://m.news.cctv.com/2021/07/12/ARTIsxe1Sardl3CQj4TMwStD210712.shtml.

河南南阳出土汉代“嫦娥奔月画像”

宫。广寒寂寥，怅然有丧，无以继之，遂催吴刚伐桂，玉兔捣药，欲配飞升之药，重回人间焉。羿闻娥奔月而去，痛不欲生。月母感念其诚，允娥于月圆之日与羿会于月桂之下。”

这原本是个凄美的爱情故事，但它的内涵在后世不断丰富，成为月亮文化的一部分。正如苏轼所说，“月有阴晴圆缺，此事古难全”，月亮的升升落落，如同人间的悲欢离合，“月缺之美”也成为后世文人墨客书写和慨叹的对象。

李白写过一首《把酒问月·故人贾淳令予问之》，堪称咏月和慨叹嫦娥故事的千古名篇：

“青天有月来几时？我今停杯一问之。
人攀明月不可得，月行却与人相随。
皎如飞镜临丹阙，绿烟灭尽清辉发。
但见宵从海上来，宁知晓向云间没。
白兔捣药秋复春，嫦娥孤栖与谁邻？
今人不见古时月，今月曾经照古人。
古人今人若流水，共看明月皆如此。
唯愿当歌对酒时，月光长照金樽里。”

不论时光如何变迁，我们头顶的月亮始终在夜间照亮着人间。李白在慨叹古人望月的时候，也想到了自己仰望月色时，与古人看到的是一样的月亮。在古人的意识里，月亮意味着永恒，它有跨越时空的神力，月亮上的生灵，也是俯瞰人间的神祇。因此，不论是捣药的玉兔，还是孤独的嫦娥，都是历代文人咏叹的对象。他们借助月亮和嫦娥的意象来抒发内心的情绪，也让千百年来的读者享受了精神的盛宴。

辛弃疾写过一首《满江红·中秋寄远》，堪称宋词中关于月亮和嫦娥的名篇：

“快上西楼，怕天放、浮云遮月。但唤取、玉纤横笛，一声吹裂。谁做冰壶凉世界，最怜玉斧修时节。问嫦娥、孤冷有愁无？应华发。云液满，琼杯滑。长袖起，清歌咽。叹十常八九，欲磨还缺。但愿长圆如此夜，人情未必看承别。把从前、离恨总成欢，归时说。”

辛弃疾在词中问嫦娥：会不会孤独冷清？这显然是有明确答案的，头顶的一轮孤月，点点的微光，是对落寞者的精神慰藉。辛弃疾与古往今来的才子一样，他们都能感受到生命的有限，宇宙的无穷，而人世间总是难有完美的事情，也难有不会分离的情感。但这些情感是人类共有的，只有意识到它的存在，才不会陷入彻底的孤独。今人读到这样的作品，也能获得情感共鸣，这便是文学的魅力。

古代小说中的嫦娥

嫦娥不仅是古诗词中的常见意象，在古代小说中也有嫦娥的身影。在《西游记》中，嫦娥是一种职位的名字，书中亮相的嫦娥有素娥和霓裳。我们熟知的嫦娥奔月故事中的嫦娥，名为姮娥，其实并没有出现在《西游记》里；而猪八戒调戏过的那位嫦娥，实际上是霓裳。但因为这几位仙子都可以统称为嫦娥，便给不少人留下了混乱的印象。但细细分析，就会发现素娥、霓裳和姮娥是三个不同的文学形象。

李商隐在《霜月》一诗中曾写道：“青女素娥俱耐冷，月中霜里斗婵娟。”晏殊在《中秋月》中则说：“十轮霜影转庭梧，此夕羁人独向隅。未必素娥无怅恨，玉蟾清冷桂花孤。”由此可见，古人在提到嫦娥时，也常用素娥这个名字。

素娥在《西游记》中，到了第九十五回《假合真形擒玉兔真阴归正会灵元》才亮相。借助太阴星君之口，《西游记》交代了素娥的来历：

“那国王之公主，也不是凡人，原是蟾宫中之素娥。十八年前，她曾把玉兔儿打了一掌，却就思凡下界。一灵之光，遂投胎于国王正宫皇后之腹，当时得以降生。这玉兔儿怀那一掌之仇，故于旧年走出广寒，抛素娥于荒野。”

至于霓裳的故事，《西游记》中有两处记录，首先出现在唐僧收八戒的章节。在第十九回《云栈洞悟空收八戒 浮屠山玄奘受心经》中，猪八戒自述了自己因调戏嫦娥而被贬下凡的经历：

“只因王母会蟠桃，开宴瑶池邀众客。那时酒醉意昏沉，东倒西歪乱撒泼。逞雄撞入广寒宫，风流仙子来相接。见她容貌挟人魂，旧日凡心难得灭。全无上下失尊卑，扯住嫦娥要陪歇。再三再四不依从，东躲西藏心不悦。色胆如天叫似雷，险些震倒天关阙。纠察灵官奏玉皇，那日吾当命运拙。广寒围困不通风，进退无门难得脱。”

不过，这里并未提到嫦娥名为霓裳，直到《西游记》第九十五回时，此嫦娥名为霓裳，才得到了确认。从写作手法上看，这也算首尾呼应了，猪八戒说自己身份来历的时候，西天取经的故事才开始不久，等霓裳的名字出现，已经快到结尾了：

“正此观看处，猪八戒动了欲心，忍不住跳在空中，把霓裳仙子抱住道：‘姐姐，我与你是旧相识，我和你耍子儿去也。’行者上前揪着八戒，打了两掌骂道：‘你这个村泼呆子！此是甚么去处，敢动淫心！’八戒道：‘拉闲散闷耍子而已！’那太阴君令转仙幢，与众嫦娥收回玉兔，径上月宫而去。”

而在《聊斋志异》中，蒲松龄也写了一个有关嫦娥的故事，篇名就叫《嫦娥》。他赋予嫦娥更多人性的色彩，在不破坏传统意义上嫦娥神性色彩的美好的前提下，让人慨叹世间爱情的美妙，彰显了作品的人文情怀。

其实，嫦娥的文化形象十分丰富，后世在解读嫦娥时难免也会代入本时代的精神元素。比如，现代社会更强调女性的独立人格与主体意识，嫦娥身上某种带有叛逆性的形象，也在时代风潮下，更加彰显女性的独立之美。

正如学者尹泓在《嫦娥奔月神话的意象和母题分析》一文中所指出的：“嫦娥最终实现了成仙的愿望，独居宁静凄清的月宫，被符号化为‘月神’。但这个‘月神’却是一个矛盾的统一体：她是人与神、动与静、冲突与和谐的统一。在这位孤独而美丽的女神身上充满着浓烈的世俗色彩：她的大胆奔月宣泄了古代女性在种种束缚压迫下向往自由的精神，也寄托了人类面对茫茫宇宙而产生的好奇和探索的愿望。”[1] 事实上，这种对自由与未知

1　尹泓：《嫦娥奔月神话的意象和母题分析》，《中州学刊》2010 年第 9 期。

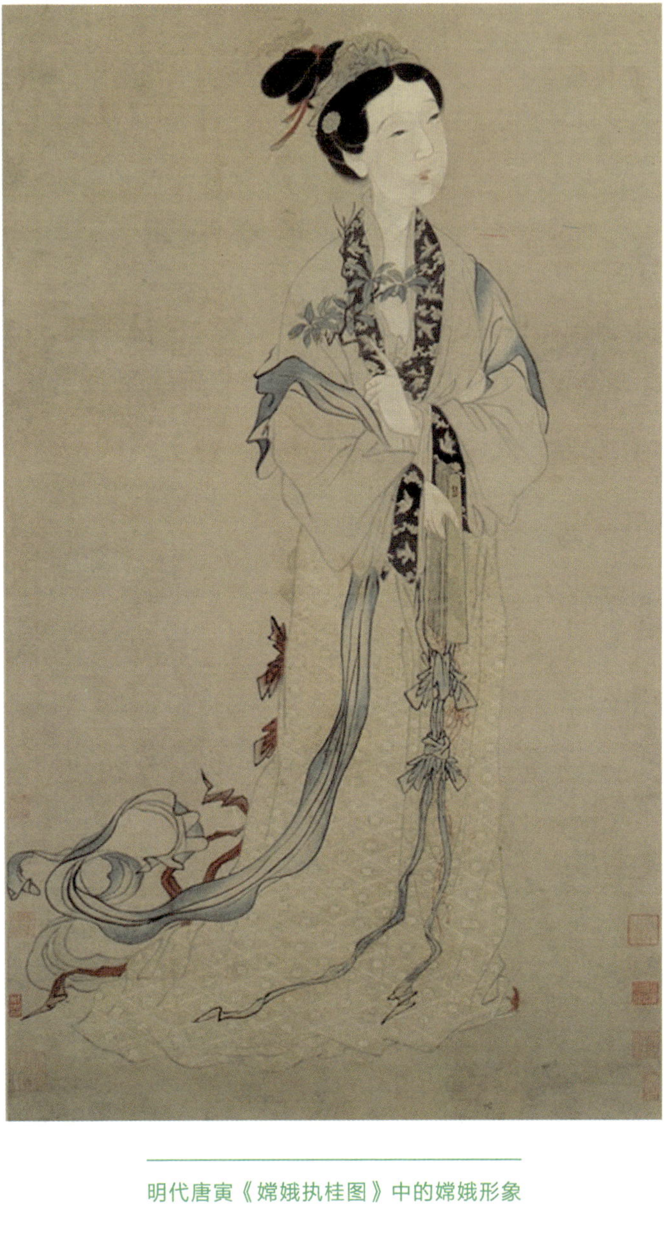

明代唐寅《嫦娥执桂图》中的嫦娥形象

远方的渴望，不仅体现在性别的议题上，而且自始至终贯穿了人类文明的发展历程。

从某种意义上看，嫦娥奔月，就是人类走向无穷远方与未知世界的象征。而在迈出前进步伐的时候，先行者难免会受到一些质疑，但只要勇于突破，不断前行，就能推动文明的进步。以嫦娥来命名大国重器，也蕴藏了国人的美好寄托，以坚定的信心踏上前行的路，以科学的精神探索远方的风景，我们始终在征途之上。

后　记

近年坊间有关大国重器这一话题的书籍、视频越来越多，这背后自然是中国日益增强的科技实力，以及国人不断提升的文化自信。谈论大国重器者，大多从科技角度入手，却少有人发现大国重器命名背后有丰富的历史文化内涵，不仅它们的名字是诗意的、浪漫的，项目本身也被人们赋予了文化上的想象力与美好的情感寄托。

2021 年中国工人出版社的编辑姚宁老师发现这个选题，便找到我，希望我能撰写此书，向读者介绍大国重器的诗意文化。我对这一领域也很有兴趣，便答应下来。在写作的过程中，我重温了之前熟悉的一些历史文化知识，并在“再解读”中，找到了研究的价值和创作的趣味。

虽然本书的写作对象是大国重器，但重点并非介绍科技成果，而是讲述大国重器背后的历史故事，呈现科技成果背后的文化价值。由此一来，喜欢科技的读者，能够从中了解更多历史文化知识，而爱好文史的朋友，也可借此发现科技与人文的交汇之处。

最后，我要感谢中国工人出版社的约稿，这个选题很有价值，且十分有趣。另外，书中的一些内容，我曾以笔名黄西蒙或本名黄帅，发表在光明网、澎湃新闻网、《北京晚报》等媒体平台上，在此向各位编辑老师一并致谢。囿于作者水平有限，书中内容若有谬误之处，还望广大读者朋友指正。

主要参考书目

《山海经》，中华书局，2011 年。

《史记》，中华书局，1982 年。

《汉书》，中华书局，2007 年。

《后汉书》，中华书局，2007 年。

《三国志》，中华书局，2006 年。

《宋史》，中华书局，1985 年。

《明史》，中华书局，2000 年。

《资治通鉴》，中华书局，2009 年。

《诗经》，中华书局，2015 年。

《楚辞》，中华书局，2010 年。

《论语》，中华书局，2006 年。

《老子》，中华书局，2006 年。

《庄子》，中华书局，2010 年。

《墨子》，中华书局，2011 年。

《大唐西域记》，中华书局，2011 年。

《平妖传》，岳麓书社，2000 年。

《西游记》，人民文学出版社，2004 年。

《三国演义》，人民文学出版社，1998 年。

《水浒传》，中华书局，2005 年。

《红楼梦》，岳麓书社，2001 年。

《封神演义》，中华书局，2009 年。

《说唐全传》，岳麓书社，2002 年。

《徐霞客游记》，中华书局，2009 年。

《聊斋志异》，中华书局，2015 年。

牟宗三：《中国哲学十九讲》，吉林出版集团有限责任公司，2010 年。

袁珂：《中国神话史》，北京联合出版公司，2015 年。

周建忠：《屈原考古新证》，中华书局，2020 年。

杨国荣：《庄子的思想世界：一种哲学的解释》，北京师范大学出版社，2017 年。

张京华：《庄子哲学：逻辑、概念及其思想体系比较研究》，商务印书馆，2021 年。

郑杰文：《中国墨学通史》，人民出版社，2006 年。

许结：《张衡评传》，南京大学出版社，2011 年。

王东：《龙是什么：中国符号新解密》，中央编译出版社，2012 年。

张振犁：《中原神话通鉴》，河南大学出版社，2017 年。

侯仁之：《北平历史地理》，外语教学与研究出版社，2013 年。

尹钧科：《北京郊区村落发展史》，北京大学出版社，2001 年。

纳日碧力戈：《姓名论》，社会科学文献出版社，2015 年。

方拥：《中国传统建筑十五讲》，北京大学出版社，2010 年。

刘宗迪：《〈山海经〉与古代华夏世界观》，商务印书馆，2006 年。

倪清华：《中国徽州文化博物馆馆藏文物集》，西泠印社出版社，2013 年。

张立平、吕富华：《赤峰史话》，社会科学文献出版社，2016 年。

张杰：《火车的文化政治学》，中国社会科学出版社，2018 年。

黄仁宇：《中国大历史》，生活·读书·新知三联书店，2007 年。

谢世俊：《中国古代气象史稿》，武汉大学出版社，2016 年。

谭其骧：《中国历史地图集》，中国地图出版社，1982 年。

梁芳仲：《中国历代户口、田地、田赋统计》，中华书局，2008 年。

杜建民：《中国历代帝王世系年表》，齐鲁书社，2003 年。

［古希腊］修昔底德《伯罗奔尼撒战争史》，广西师大出版社，2004 年。

［德］汉斯－格奥尔格·梅勒、［美］德安博：《游心之路：〈庄子〉与现代西方哲学》，北京联合出版公司，2019 年。

图书在版编目（CIP）数据

大国重器的诗意文化 / 黄西蒙著. —北京：中国工人出版社，2022.5

ISBN 978-7-5008-7934-3

Ⅰ. ①大… Ⅱ. ①黄… Ⅲ. ①中华文化－通俗读物 ②科技成果－中国－现代－普及读物 Ⅳ. ①K203-49 ②N1-120.1

中国版本图书馆CIP数据核字（2022）第085579号

大国重器的诗意文化

出 版 人 董 宽

责任编辑 姚 宁

责任校对 丁洋洋

责任印制 黄 丽

出版发行 中国工人出版社

地 址 北京市东城区鼓楼外大街45号 邮编：100120

网 址 http://www.wp-china.com

电 话 （010）62005043（总编室）

（010）62005039（印制管理中心）

（010）62379038（社科文艺分社）

发行热线 （010）82029051 62383056

经 销 各地书店

印 刷 三河市万龙印装有限公司

开 本 880毫米×1230毫米 1/32

印 张 10

字 数 215千字

版 次 2022年7月第1版 2022年7月第1次印刷

定 价 68.00元